WORT
UND
WISSEN

Lutz von Padberg

Die Bibel – Grundlage für Glauben, Denken und Erkennen

Prolegomena zu einer biblischen Erkenntnislehre

hänssler

Neuhausen-Stuttgart

Veröffentlichung der Studiengemeinschaft WORT UND WISSEN e.V.,
Schriftleitung: R. Junker, Sommerhalde 10, D-7292 Baiersbronn-Röt

CIP-Kurztitelaufnahme der Deutschen Bibliothek

Padberg, Lutz von:
Die Bibel: Grundlage für Glauben, Denken und Erkennen / Lutz von Padberg. – Neuhausen-Stuttgart: Hänssler, 1986.
(Wort und Wissen; 17)
ISBN 3-7751-1083-6
NE: GT

Bestell-Nr. 82 917

Umschlaggestaltung: Daniel Dolmetsch
Gesamtherstellung: Ebner Ulm

Inhaltsverzeichnis

Anhang

Vorbemerkung

Seit der Aufklärung gilt die Forderung, Glauben und Denken zu trennen. Dieses Paradigma ist in den letzten Jahren in die Krise geraten, nicht zuletzt durch die immer deutlicher werdende Aufbruchsstimmung bibeltreuer Wissenschaftler. Angesichts der von der modernen Wissenschaftstheorie postulierten Relativität aller Erkenntnisse haben gerade sie die Möglichkeit, einen eigenen Beitrag zur Fortentwicklung wissenschaftlicher Disziplinen zu leisten.

Diese Schrift möchte entsprechende Gespräche und Initiativen anregen und fördern. Vor allem drei Aspekte sind dabei zu bedenken:

Erstens die historische Entwicklung der erkenntnistheoretischen Ansätze in der abendländischen Wissenschaftsgeschichte,

zweitens die Verhältnisbestimmungen der Bereiche Glauben und Denken mit ihren jeweiligen Auswirkungen in Theologie und Philosophie sowie

drittens die Entfaltung einer biblischen Erkenntnistheorie als tragfähiger Alternative und Grundlage für entsprechende Forschungsarbeiten.

Bei alledem zielen die folgenden Überlegungen nicht auf eine Theoriedebatte, sondern gehen von der Zielperspektive einer biblisch begründeten Wissenschaftsphilosopie aus, die methodisch wie institutionell neue Wege beschreitet.

Lutz v. Padberg

Everswinkel, den 7. August 1985

Vorwort

Die Zuordnung ›*Offenbarung* und *Vernunft*‹ enthält die Frage nach den Erkenntnis- und Denkprinzipien. Emil Brunner betont in seinem Werk *Offenbarung und Vernunft* (1941 ff), daß schon die Reihung ›Offenbarung (1) und Vernunft (2)‹ die wesentliche Vorentscheidung sei. »Wir fragen nicht von der Vernunft her zur Offenbarung hin, sondern wir fragen, als glaubende Kirche, von der Offenbarung her zur Vernunft hin« (1961, S. 9). Der zur Christusgemeinde gewonnene Mensch ist von der biblischen *Offenbarungswahrheit* überwunden. Deshalb fragen Christen nicht von einer irgendwie auszuzeichnenden *autonomen Vernunft* her zur *biblischen Offenbarung*, sondern vom biblischen Offenbarungszeugnis her zu den Problemen der *Vernunft*, des *Verstandes*, des *Wissens* und der *Wissenschaft*. Das Symbol *WORT + WISSEN* enthält solche Vorentscheidung als Bekenntnis. *WORT + WISSEN* ist das Kürzel, das durch die *Biblische Erkenntnislehre* Lutz von Padbergs ausgelegt wird. Im Sinne einer gemeinsam zu akzeptierenden Erkenntnis- und Denklehre ist diese Grundfrage ohnehin nicht zu lösen und zu entscheiden. Dies ist mit ein Ergebnis der unermeßlichen theologischen und philosophischen Literatur. Nach dem eingenommenen Standpunkt wird es sich als einsichtig erweisen, warum mit dieser nicht stillbaren und lösbaren Grundfrage in einer gewissen Gelassenheit umgegangen werden kann bzw. dem Offenbarungszeugnis Vorrang vor aller Verstehensproblematik eingeräumt werden muß. Der Mensch, der

Gottes Reden und *Handeln* vernimmt und erkennt, ist nach der biblischen Offenbarung Geschöpf im Zeichen der *Ebenbildlichkeit*. Auch im *gefallenen Stand*, im *status corruptionis*, bleibt er nach dem Willen des Schöpfers, Richters und Erhalters Vernehmender und Hörender. Als solcher ist er Geschöpf in bleibender *Freiheit* und *Verantwortung*. Im Zeichen der bleibenden *Ebenbildlichkeit* und der daraus resultierenden *Freiheit* und *Verantwortung* ist die Gewißheit gegeben, daß der Mensch Gott in seinem Offenbarungs- und Heilshandeln erkennen und sich diesem Anspruch gegenüber entscheidend verhalten kann.

Biblische Offenbarung und wissenschaftliche Erkenntnis sind nicht widerständig! Dieser fröhliche Ausruf ist freilich ein Axiom der schon von der Offenbarung erhellten Vernunft. *Offenbarungswissen* ist von der dem Säkularismus verpflichteten autonomen Vernunft grundsätzlich bestritten. Da auch im biblisch beeinflußten Denkbereich die Wertung der sogenannten *Säkularisierung* als *Verweltlichung der Welt* keineswegs einheitlich, ja geradezu konträr ist, scheinen wir in den Wirbel des hermeneutischen Zirkels gerissen: die Auslegung der biblischen Zeugnisse bemißt sich an der aufgeklärten und wissenschaftlich orientierten Vernunft. Der garstige Graben der Geschichte in seiner Relativierung der Sprachmittel und Vorstellungen tut sich auf.

Die *hermeneutische Literatur* nimmt in Theologie und Philosophie einen breiten Raum ein. Im hermeneutischen Zirkel geht es um das angemessene Verstehen der Tradition aus vergangenem Selbstverständnis im Bezug zu heutigem Selbstverständnis. Hierin begegnen wir teilweise einer so starken existenzialistischen Übersteigerung, daß die Frage nach dem Historisch-Faktischen geradezu irrelevant wird.

Der garstige Graben der Geschichte, die Wandlung der Vorstellungen, der Weltbilder, der Sprachsymbole, der Sprachmittel, der Selbstverständnisse haben ihre Bedeutung. Doch ob dieser seit G. E. Lessing so beschworene Graben der Geschichte wirklich so abgrundtief ist, daß es der tollkühnsten hermeneutischen Brückenkonstruktionen bedarf, um das Ufer des modernen Denkens zu erreichen? Der wahre Stellenwert der Auslegungstheorien und Probleme wird aber gerade erst im Zeichen der Verbindlichkeit der Wortoffenbarung und der Offenbarungsbezüge, die aus dem Heilshandeln Gottes resultieren, ersichtlich. Dies ist freilich ein Zirkel, in dem wir uns mit der Voranstellung der *Offenbarung* vor die *Vernunft* entsprechend hineinbegeben haben. Es muß Ziel einer *Biblischen Erkenntnislehre* sein, zu zeigen, daß es gerade die göttliche Offenbarung ist, die in allem Wandel der Geschichte, des Erkennens und wissenschaftlich-technischen Fortschreitens ein *Erhaltungsprinzip der Konstanz* und Verbindlichkeit setzt: eben das aus dem *Heilshandeln Gottes* verbindlich für alle Zeiten Erschlossene. Es geht hierbei um ein *Fundamentalprinzip*, das axiomatisches Gewicht hat: *die Erhaltung der fundamentalen Akte und Fakten, die das souveräne Handeln Gottes gesetzt hat: Schöpfungsrealien, Gerichtsakte und -fakten, Erwählungsakte und -fakten, Akt und Faktizität der Inkarnation, verbindliche Verheißung der Vollendung im Zeichen der Parusie*. Dies freilich gilt es angesichts des Faktischen konkret zu bewähren. In der Physik gibt es Erhaltungssätze, z. B. das Prinzip der Erhaltung der Energie. Über den Bereich der lebenden Natur hat ERICH BLECHSCHMIDT das Prinzip der *Erhaltung der Individualität* formuliert. Für eine aus der biblischen Offenbarung resultierende Weltdeutung gibt es ein analoges Prinzip der *Erhaltung der Faktizität des Heilshandelns Gottes*. Dieses Prinzip gilt es in einer biblisch fundierten Erkenntnislehre zu entfalten!

Es sind Skrupel kaum hintan zu stellen, ob ein einzelner heute die Aufgabe angehen kann, das Thema *Offenbarung und Vernunft* als die Darstellung eines Wirklichkeitshorizontes aus der Bindung an das biblische Wort darzustellen. Der Autor schlägt mit seinen etwas bescheiden formulierten *Prolegomena* eine Schneise! Was dem bibelorientierten und bibelzentrierten Denker ein solches Wagnis überhaupt nahelegt, ist eigentlich etwas erstaunlich Einfaches: das *Heilshandeln Gottes,* entfaltet nach Schöpfung, Gericht, Erhaltung, Erwählung, Erlösung und Vollendung bietet einen Durchblick durch das geschaffene Universum, der für jeden Menschen unabhängig vom Bildungsgrad einsichtig werden kann. Dies ist ein Wunder, das schon die Offenbarung, die vor aller Vernunft liegt, schafft. Wer in diesem letzten und tiefen Grundbild Heimat gefunden hat, gehört zu den Menschen mit der *erleuchteten Vernunft*, der *ratio fide illustrata*. Das Heilshandeln Gottes ist in wenigen Sätzen erzählbar. Über diese Einfachheit kann man nur staunen!

Die Leitidee ist für den Autor die Gewißheit, daß der für alle Menschen einsichtige Kader der biblischen Heilsgeschichte auch ein voll genügsamer Denkrahmen für alle wissenschaftlichen Bemühungen sein kann.

Säkularismus, die Geistesmacht, der Welt Totalität und Eigenmacht zuzusprechen, schlägt immer mehr auch christliches Denken in Bann.

Friedrich Gogarten meinte noch in Auslegung des paulinischen *»alles-ist-erlaubt«* (1 Kor 10), die *Verweltlichung der Welt* hochloben zu sollen. Aber was ist *Welt*? Warum passiert es so oft, daß Christen zum Teil gutgläubig-fromm die sichtbare, vordergründige Erfahrungsgestalt der Welt-Natur ohne Vorbehalt in eins setzen mit *Gottes guter Schöpfung*? In wissenschaftlicher Verbrämung verbreitet sich beispielsweise das Argument: die *Evolutionsbiologie* offenbare den Kampf ums Dasein, *Leid* und *Tod* als *fundamentale Mechanismen* des Lebensprozesses. Dann braucht man keinen *metaphysischen Dualismus* mehr! Mittels der sogenannten rationalen Evolutionstheorie wird eine Art Exorzismus betrieben. Dann wäre nämlich die Gestalt eines diabolisch-satanischen Gegenspielers in Gottes Werk als mythische Erklärung von Naturgesetzen entlarvt. Das Böse ist natürlich! Der Böse war Projektion von Ängsten vor dem Unheimlichen, dem Unerklärbaren. Das Böse wäre also nichts als ein Naturphänomen! Damit stoßen wir aber auf die fundamentale Frage: Was ist *die Natur*?

Hier gilt es, ein Mißverständnis nicht aufkommen zu lassen: Die modernen Erfahrungswissenschaften machen »Fest«-Stellungen, daß die Erfahrungsgestalt des Menschen in seiner Naturbindung so ist, wie sie die Summe der feststellbaren Gesetzmäßigkeiten beschreiben. Worte wie *das Böse* oder gar *der Böse* kommen in ihrer Begrifflichkeit nicht vor!

Man kann also nicht bestreiten, daß man *Leid* und *Tod* in ihren faktischen Aspekten als biologische Naturkomponenten deklarieren kann. Nur gilt es, die Erfahrungsgestalten des Lebens nicht nur zu erklären, das heißt, auf immer schon bekannte Gesetzmäßigkeiten zurückzuführen, sondern eben die Grundmuster dieser Gesetzmäßigkeiten zu verstehen. Verstehen aber kann man Wirklichkeit nur aus ganzheitlichem Wirklichkeitserfassen. Ganzheitliches Denken steht indessen im Zeichen theologischer Vorentscheidung. Der Verzicht auf Verstehen wäre in der Konsequenz eine »Nichts-als-Philosophie«; z. B.: »Der Tod ist nichts anderes als ein biologischer Mechanismus.«

Daraus folgt eine Kette von Kurzschlüssen. Das Denken rotiert dann gleichsam in einem grenzenlosen Zirkel, in dem man sich vorläufig wohlfühlen, dabei aber die entscheidenden Fragen verdrängen kann. »Das erklärende Denken wird grenzenlos, wenn es nicht durch Hören des Wortes Gottes von sich selbst erlöst wird« (K. H. Miskotte).

Die menschliche Vernunft wird nur dann von sich selbst erlöst, wenn sie sich einbannen läßt in das ur- und endgeschichtliche Denken der biblischen Offenbarung.

Die Bibel – Grundlage für Glauben, Denken und Erkennen ist Bekenntnis und Aufgabe zugleich. *WORT + WISSEN* steht hierfür als Programm.

Lutz von Padberg zeigt aus historischer Fachkenntnis das Scheitern der autonomen Vernunft auf vielen Irrwegen. Der Diagnose folgt ein therapeutisches Konzept: Das biblische Wort über den Menschen und sein Erkennen schenkt den realistischen Zugang zur Welt- und Wissenswirklichkeit. Der Leser möge an Beispielen prüfen, was sich bewährt! Wie konkret darf man unter der Flagge *WORT + WISSEN* werden? Ist z. B. das Zeugnis der Genesis von der simultanen Erschaffung von Grundtypen ein fruchtbarer Theorierahmen für die Biologie? Es ist ein Abenteuer, so zu fragen. Es ist eine Beglückung, auf kühne Fragen realitätsträchtige Antworten zu bekommen! Wie nötig ist eine *Biblische Erkenntnislehre*!

H. W. BECK

A) Zur Einführung in den Problemhorizont

In seinem umfangreichen Werk ›Opus maius‹ bemerkt der englische Theologe und Philosoph Roger Bacon (ca. 1214 bis ca. 1292) zur Selbstbescheidung des Forschenden: »Es ist sicher, daß niemals, bevor Gott von Angesicht zu Angesicht erblickt wird, ein Mensch irgend etwas mit endgültiger Gewißheit wissen wird. Denn keiner ist so gelehrt, daß er auch nur die Natur und Eigenschaften einer einzigen Fliege wüßte. Und da im Vergleich zu dem, was ein Mensch weiß, jene Dinge, von denen er nichts weiß, unendlich sind und über allen Vergleich größer und schöner, so ist der von Sinnen, der sich seines Wissens rühmt ... Je weiser Menschen sind, desto demütiger sind sie bereit, Belehrung von anderen zu empfangen.«[1] Diese beachtliche Feststellung eines Denkers aus dem 13. Jahrhundert weist auf drei Axiome des Forschens und Erkennens hin, deren Gültigkeit heute erneut bekräftigt werden sollte. Erstens betont Bacon unumschränkt die Abhängigkeit allen Wissens von Gott als dem Herrn der Schöpfung; zweitens verweist er auf die daraus resultierende Begrenztheit der menschlichen Erkenntnis; um drittens an die Demut als ein Charakteristikum der Weisheit zu erinnern. Er knüpft damit an die Bemerkung des Sokrates (470–399) an, der von sich sagte: »Ich weiß, daß ich nichts weiß.«[2] Ausgehend von dieser Selbstbescheidung gelang es Roger Bacon, zu einem der herausragenden Forscher der mittelalterlichen Erfahrungswissenschaft zu werden, dem nicht nur die Förderung der philosophischen Fragen seiner Zeit, sondern auch der naturwissenschaftlichen Erkenntnis zu verdanken ist.[3] Sein von dem Bewußtsein der Verantwortung vor Gott als dem alleinigen Schöpfer gehaltenes Denken war trotz der sichtbaren Erfolge nicht Vorbild für die Wissenschaftsgeschichte der folgenden Jahrhunderte.

Denn die Selbstbescheidung des Wissenschaftlers verkümmerte nach der Aufhebung der Bevormundung durch die Kirche mehr und mehr, an ihre Stelle trat die Selbstermächtigung. Bei dem Ausbruch des Mittelalters ging, wie Horst Eberhard Richter es einmal formulierte, Gott verloren, der Mensch wollte selbst Gott sein, so daß aus der Krise der Epochenwende der Glaube an die Allmacht des Menschen erwuchs.[4] Der Aufschwung der Vernunft im Kleide der Wissenschaft schien den Fortschritt planbar zu machen, weshalb man auch in der immensen Ausweitung der Erkenntnisse eine ständige Optimierungsmöglichkeit bis hin zu einem paradiesesgleichen Endzustand zu erblicken wähnte. Gegenwärtig ist diese Haltung in dem Glauben an die Wissenschaft als »der herrschenden Religion unserer Zeit«.[5] Er wurde hervorgerufen durch die Ablösung des kreisförmig-zentrierten mittelalterlichen Lebensgefühls von dem naturwissenschaftlich bestimmten Kausaldenken, das dem europäischen Menschen die Perspektive einer linearen Unendlichkeit eröffnete. Damit erschlossen sich nicht nur dem Denken neue Horizonte, auch die Frage nach dem Sinn des Seins wurde neu bestimmt. Sie wurde nun nicht mehr von der Bibel her beantwortet, sondern durch das Fortschrittsbewußtsein erklärt, glaubte man doch den Sinn des Lebens schließlich darin zu finden, »das bloße Weitergehen in der Zeit mit Fortschritt, mit permanenter Höherentwicklung gleichzusetzen. Das Mittel, diesen Glauben zu nähren, wurden die niemals mehr stillstehenden Entwicklungen der Naturforschung und der Technik.«[6] So führte die Selbstermächtigung des Denkens zur Selbstgewißheit, die bis heute das wissenschaftliche Weltbild weitgehend bestimmt.

Mag diese Ansicht am Ende des 20. Jahrhunderts auch noch von vielen geteilt werden, hat sich die Situation doch gewandelt. Die beiden Konzepte moderner Erkenntniserweiterung, die emanzipatorische Selbstbefreiung und der wissenschaftlich-technologische Fortschritt nämlich, sind in die Krise geraten, weil sie über ungewollte Nebeneffekte sich selber den Widerspruch produziert haben. Die »Verheißungen von ehedem schlagen in Bedrohungen um. An die Stelle der Hoffnungen von gestern schieben sich heute mehr und mehr Ängste.«[7] Die Janusköpfigkeit des wissenschaftlich-technischen Fortschrittes ist durch ein gesteigertes politisches und ökologisches Bewußtsein deutlicher als je zuvor. Denn plötzlich entdeckte man, wie gerade dieser Fortschritt, dessen Ergebnissen man sich doch überall bedient, dem Menschen die Möglichkeit zur Zerstörung der Umwelt und zur globalen Selbstvernichtung in die Hand gab.[8] Wenn auch dadurch der Fortschrittsoptimismus von dem Pessimismuskult abgelöst wurde, so glaubt man dennoch, durch Wertewandel und Neuorientierung des Denkens die Entwicklung wieder aus der Krise herausbringen zu können.[9]

Diese lebhaft geführte Debatte um die Zukunft des Menschen wirft freilich in neuer Dringlichkeit die Frage nach den Grundlagen des Denkens und des Erkennens sowie nach deren Auswirkungen auf die Realität auf. Gibt es überhaupt objektive Erkenntnis? Ist eine letzte Wahrheit verifizierbar? Läßt sich ein Fortschritt im Denken beobachten? Jüngere Wissenschaftstheoretiker haben diese Problematik durch unkonventionelle Analysen noch verschärft. Der Amerikaner Thomas S. Kuhn (*1922) bestreitet schlichtweg den Glauben an den Fortschritt der Wissenschaften und relativiert damit deren Rationalitätsanspruch, indem er nachweist, daß die Entwicklung der Wissenschaftsgeschichte höchst irrational durch die revolutionäre Veränderung der Paradigmen, also der Theorierahmenkonzepte, fortschreitet. Wissenschaftstheoretisch ist demzufolge das alte Objektivitätsideal der Wissenschaften aufzugeben.[10]

Die von Kuhn befürwortete Aufgabe der teleologischen Perspektive des Denkens führt natürlich in die Relativität des Erkennens überhaupt und macht selbst die Annäherung an die Wahrheit unwahrscheinlich. Konsequent weitergeführt wird dieser Ansatz, der sich großer Beliebtheit erfreut, von Paul Feyerabend, der den Wissenschaften grundsätzlich ihren Autoritätsanspruch aberkennt, indem er sie den Künsten zuordnet, die keinen Fortschritt, sondern lediglich eine unentwirrbare Folge von Denkstilen und Traditionen böten.[11] Dementsprechend rechnet Feyerabend in geradezu radikaler Weise mit der Geschichte der abendländischen Erkenntnistheorie[12] ab. Ausgehend von dem bereits im antiken Denken zu beobachtenden Widerspruch zwischen Realität und Philosophie, differenziert er zwischen historischer und abstrakter Tradition. Aus der Abstraktion seien Probleme aufgrund ihrer Unverständlichkeit entstanden, die man mit der Erfindung weiterer abstrakter

Erklärungen zu überwinden versucht habe. »Die Erklärungen wurden später zu einer eigenen Disziplin vereinigt, eben der Erkenntnistheorie. Die Erkenntnistheorie ist also eine Theorie, die zeigt, wie man die Unbrauchbarkeit von Traditionen in ein Argument für ihre Vortrefflichkeit verwandeln kann. Sie ist das Instrument, mit dessen Hilfe es den Intellektuellen gelang, ihre Herrschaft trotz der Kindlichkeit ihrer Ideologie zu befestigen und ständig weiter auszudehnen.«[13] Für Feyerabend hat sich deshalb die Erkenntnistheorie ebenso wie die Wissenschaftstheorie mehr und mehr von der wissenschaftlichen Praxis entfernt.[14]

Die Grundlagenkrise der Wissenschaftstheorie wird damit offenbar und verstärkt den Zweifel an den Ergebnissen des Erkenntniszuwachses seit der Aufklärung überhaupt.[15]

Aber nicht nur die öffentliche Stimmung und die Wissenschaftstheorie fragen nach dem Wert oder Unwert wissenschaftlicher Erkenntnis, auch von ganz unerwarteter Seite kommt ein Angriff. Bibeltreue Naturwissenschaftler stellen die herrschenden Paradigmen in Frage und kommen aufgrund ihrer konträren Axiomatik zu überraschenden Ergebnissen. Die Debatte zwischen Evolutionismus und Kreationismus ist längst keine dogmatische mehr, sondern wird zunehmend als echte wissenschaftliche Kontroverse auch im Blick auf die Erkenntnisproblematik ernst genommen.[16] Neuerdings wird sie, vollkommen berechtigterweise, von der naturwissenschaftlichen Problematik losgelöst auch wissenschaftstheoretisch geführt, denn schon ist die Forderung nach einer »christlichen (bibeltreuen) Wissenschaftsphilosophie«[17] laut geworden. Sie allein scheint nach dem vergeblichen Anlauf des neuzeitlichen Denkens Erfolg zu versprechen. Um sie in ihrer Notwendigkeit wirklich begründen zu können, sind zuvor Entwicklung und Auswirkung des säkularen Erkenntnisbegriffes zu analysieren.

B) Zur Entwicklung des Erkenntnisbegriffes und seiner Auswirkungen auf das moderne Denken

I. Zur Entwicklungsgeschichte des Erkenntnisbegriffes

1. Grundlegung in der antiken Philosophie

a) Sophisten

Das Erkennen allgemein, das Bewußtsein der Erkenntnis und die Darstellung von Erkenntnis sind Grunderscheinungen menschlicher Kultur. Ziel der entsprechenden philosophischen Reflexion ist, den Weg zur wahren Erkenntnis zu finden, die Sein und Wesen des Menschen zu erklären vermag. Die sich aus diesem Programm entwickelnden Probleme der Erkenntnistheorie sind bereits in der antiken Philosophie angelegt. Sie wurden erstmals aufgeworfen von den sogenannten Lehrern der Weisheit, den Sophisten. Gingen noch Heraklit (ca. 536–470) und Parmenides (ca. 540–480) von der Begrenzung der menschlichen Erkenntnisfähigkeit aus, die erst in einer überzeitlichen, transzendenten Weltordnung allgemeine Gültigkeit erhalten könne[18], so war für die Sophisten der Mensch als erkennendes und sich in der Gesellschaft behauptendes Individuum der erste Bezugspunkt. In geradezu neuzeitlich anmutender Weise bilden Skeptizismus, Subjektivismus und Relativismus die Koordinaten ihres Denkens, weshalb sie auch alle Werte, Lehren und Glaubenssätze grundsätzlich in Zweifel ziehen. Moralische und religiöse Vorstellungen etwa erscheinen den Sophisten als Setzungen einer menschlichen Urzeit und sind daher stets neuen Gegebenheiten anzupassen. Gültigkeit hat demzufolge nur das, was dem Erkennenden durch individuelle Wahrnehmung als Bestimmungsgrund seines Seins erscheint. Daraus ergibt sich ferner: Wahr ist, was der einzelne für wahr hält, und gut oder böse ist, was er für gut oder böse hält.[19] Folgerichtig erklärt Protagoras (ca. 481 bis ca. 411), der Hauptvertreter der Sophistik: »Der Mensch ist das Maß aller Dinge, der seienden, daß sie sind, der nicht seienden, daß sie nicht sind.«[20] Kernpunkt dieser Erkenntnislehre ist also die Anschauung von der Autonomie der menschlichen Vernunft. Von dieser Voraussetzung aus gelangten die Sophisten »in erkenntnistheoretischer Hinsicht zu einem empirischen Skeptizismus und in ethischer Beziehung zu einem utilitaristischen Egoismus«.[21]

b) Platon

Die Vorsokratiker und die Philosophen seit Sokrates (470–399) »glaubten an die Erkennbarkeit von Wahrheit durch den menschlichen Geist«.[22] Erkennen faßte besonders Platon (427–348/347) als das geistige Abbilden von Wirklichkeiten des Seins auf, die dem Erkennenden grundsätzlich vorgegeben sind. Erkennen ist danach das Fragen nach den Wesensbestimmungen der kosmischen Weltnorm bzw. Gottes, der das Maß aller Dinge ist.[23] Dies ist dem Menschen deshalb möglich, weil er nach der Anamnesislehre Platons bereits die Einsicht in das an sich Wahre von Natur aus besitzt und deshalb auch zur wahren Erkenntnis befähigt ist. Der Mensch, hier freilich als anima candida ohne Sünde gesehen, hat also bereits grundsätzlich Anteil an dem Erkannten, oder einfacher nach dem Empedokleischen Grundsatz (Empedokles 490–430) formuliert, nur Gleiches kann Gleiches erkennen.[24] Der Ausgangspunkt der Erkenntnislehre Platons ist die Theorie einer Weltseele, einer allgemeinen Idee, die die präexistente Substanz des Menschen ausmacht. »Durch die Tätigkeit der Vernunft, die den Anteil der Seele am göttlichen Wesen darstellt, wird in der Seele die Erinnerung (anamnesis) an die vor der Geburt geschauten Ideen ausgelöst, womit Erkennen bzw. Erkenntnis vorliegt.«[25]

Das Entscheidende an dieser Theorie ist nicht so sehr Platons Glaube an die Seelenwanderung, sondern seine idealistische Sicht des Menschen, der durch die Vernunft zum Guten durchstoßen könne. Die Vernunft muß, um zur wahren Erkenntnis gelangen zu können, die Bereiche der Gefühle, Affekte und Begierden überwinden, um so der höchsten Idee immer ähnlicher zu werden. Danach sind für die Antike »Erkenntnis und Wissenserwerb ... kein neutraler Akt«[26], sondern ein Prozeß der Läuterung und Vergeistigung, müssen doch das ethische Verhalten des Erkennenden und das Wesen des Erkannten in Übereinstimmung kommen. Göttliches und menschliches Wesen bilden bei Platon also keinen Gegensatz, was die Annahme der Sündlosigkeit des Menschen erhellt, sondern können auf dem Wege der Erkenntnis zusammengeführt werden. Das Maß der von Platon so genannten »Gottverähnlichung nach Möglichkeit« wird aus dem vernünftigen Wertverhalten des Menschen abgeleitet.[27] Durch diese imitatio Dei kann der Mensch in der Überwindung aller Sinnlichkeit also zu wahrer Erkenntnis gelangen. Diese platonische Lehre hat trotz ihres Gegensatzes zur Bibel die Vorstellungen der Kirche von Spiritualität und Askese bis heute entscheidend beeinflußt.[28]

c) Aristoteles

Während Platons Erkenntnislehre in idealistischer Weise eher transzendental ausgerichtet ist, gilt Aristoteles (384–322) als Denker des Realismus, da bei ihm Erkenntnis auf Denken und Erfahrung gründet. Die Summe dieser in der Auseinandersetzung mit der Realität gewonnenen Erfahrungen führen zur Erkenntnis des die Welt bestimmenden Prinzips, wobei Aristoteles von der Immanenz des Allgemeinen im Einzelnen ebenso ausgeht wie von dem Gedanken der »hierdurch bedingten zweckmäßigen Entwicklung des Einzelnen wie der Gesamtheit zu immer höheren Formen«.[29] Als Schüler Platons vertritt Aristoteles damit im Grunde ebenfalls eine idealistische Sicht, die überdies dem Gedanken einer evolutionistischen Kausalität verpflichtet ist, nach der der Erkenntnisfortschritt dem wissenschaftlichen Standard der Vergangenheit stets überzuordnen ist. Diese ständige Entwicklung zu höheren Formen ist Ausdruck der in dem Wirklichen anwesenden göttlichen Natur, die teleologisch das bewegende Prinzip allen Geschehens und gleichzeitig der höchste Zweck und die reinste Form ist. Die dadurch zweckmäßig gelenkte Entwicklung der Welt begründet den universellen Geist, den Aristoteles Gott nennt. Das Göttliche ist danach auf die Evolution der Welt gerichtet, der Mensch hat göttliche Natur, weil er über die Erkenntnis zur Vollkommenheit strebt.[30]

Folgenreich für die Erkenntnistheorie war besonders die Definition der Triebkraft der Evolution als Vernunft. Aristoteles betont, daß die Vernunft des Menschen »entweder selbst ein Göttliches ist oder von dem, was in uns ist, das Göttlichste«.[30] Weil hier die lebendige Vernunft als Gott begriffen wird, glaubte man später in der

Kirche des Mittelalters, darin die Deutung Gottes als des schöpferischen Geistes wiederfinden zu können und öffnete sich der aristotelischen Philosophie, obwohl sie den Gedanken der sich dem Geschöpf zuwendenden Personalität Gottes nicht kennt. Die Erkenntnislehre des Aristoteles entspricht im Grunde einem theistischen Evolutionismus, der bis in die Gegenwart prägend geblieben ist.[32]

d) Ertrag

Die bis heute entscheidenden Perspektiven der Erkenntnistheorie sind bereits in der antiken Philosophie thematisiert. Ihr Kerngedanke ist die Vorstellung von der Geschlossenheit und Eindeutigkeit der Weisheit, die den Ideen und Begriffen zugrunde liegt. Ihre Summe bildet die Weltseele, an der jeder Mensch über die Vernunft Anteil hat und die ihm deshalb die erkennende Analyse des Seins ermöglicht.[33] Den Hintergrund dieser Ansicht bildet die Auffassung von der grundsätzlich guten Natur des Menschen, die mit der Ansicht korrespondiert, es gebe keine durch Schuldhaftigkeit getrübte Gegensätzlichkeit zwischen Gott und Mensch. Die auf dieser Basis entwickelten Erkenntnislehren waren wegweisend für die Zukunft: Der Gedanke des durch evolutionistische Höherentwicklung zum Durchbruch kommenden Weltgeistes findet sich bei Hegel (1770–1831) wieder, die These von der Erkennbarkeit des Absoluten durch Askese und Vernunft wird von Denkern des Mittelalters wie der frühen Neuzeit aufgegriffen und der subjektivistische Ansatz des Sophisten bereitet das bei Nietzsche (1844–1900) zur Vollendung geführte Naturrecht des Stärkeren vor.

Mit dem Aufkommen des Christentums stellte sich die Frage nach dem Zusammenhang von Glauben und Denken ganz neu, war doch die Anthropologie der Bibel vollkommen anderen Axiomen verpflichtet als die der Antike. Die zentralen, für die Frage des Erkennens konstitutiven Unterschiede hat Wilhelm Weischedel treffend zusammengefaßt: »Dem überwiegend kosmologischen Interesse gegenüber, das das griechische Denken kennzeichnet und in dem der Mensch vornehmlich als ein Teil des Kosmos erscheint, denkt das frühe Christentum anthropologisch, aber so, daß diese Anthropologie zu ihrer entscheidenden Mitte die Soteriologie hat . . . Während das genuine Griechentum Geschichte nur als den immer gleichen Kreislauf der Zeitalter kennt, erhält im Christentum die Geschichte einen eindeutigen Anfang – die Schöpfung – und ein eindeutiges Ende – die mit dem Kommen Jesu Christi angebrochene Endzeit. Die Wirklichkeit wird heilsgeschichtlich gesehen.«[34] Das Christentum mußte sich mit dem radikal andersartigen Ansatz der griechischen Philosophie auseinandersetzen; gerade auf dem Gebiet der Erkenntnislehre hat Paulus dies in vorbildlicher Weise getan.[35] Schon bald öffnete man sich freilich auch in der Kirche dem griechischen Denken, das dann im Spätmittelalter zu neuem Ruhm kommen konnte.[36]

2. Weiterentwicklumg im kirchlichen Mittelalter

a) Augustinus

Die Geschichte des Denkens wird im Mittelalter von der Kirche geprägt.[37] Zwar nahm man manches von der antiken Philosophie auf, blieb aber dennoch weitgehend im Rahmen der kirchlichen Lehre. Da überdies die Geistlichen die Träger der Schriftkultur waren, verlief auch das philosophische Denken in vorgezeichneten Bahnen. Gewiß hatte sich in jener Epoche die kirchliche Lehre vielfach von der biblischen Offenbarung entfernt, Gottesorientierung und Glaubensgehorsam waren aber dennoch die Grundpfeiler der Erkenntnis. Neben einer mystischen und einer von Aristoteles beeinflußten Richtung wurde das Denken des Mittelalters dabei vor allem von Augustinus (354–430), dem Bischof des nordafrikanischen Hippo Regius, bestimmt. Mit apologetischer Absicht versuchte er, die antike Philosophie in das Lehrgebäude des Christentums zu integrieren. Dieser nicht immer gelungene Versuch geht auch von der alten Frage nach der Erkennbarkeit der Wahrheit aus. Augustinus beantwortete sie dergestalt, daß er als Zielperspektive allen Denkens in Anlehnung an Paulus die Selbsterkenntnis durch die Gotteserkenntnis herausstellt: »Cognoscam te, cognitor meus, cognoscam, sicut et cognitus sum.«[38] Nur durch die Hinwendung zu Gott ist demnach Erkenntnis möglich. Denn »was der Mensch ist, erfährt er nur durch Wahrheit (veritas). Und diese ist im christlichen Glauben als personaler Gott (deus persona) enthüllt worden. Der Sinn jeder Selbsterkenntnis kann also nur darin bestehen, ›Dich zu erkennen‹, den personal anzusprechenden Gott. Zugleich bemerkt der Erkennende, daß dieses Ziel seiner Erkenntnis auch sein Schöpfer (creator) ist. Schon bevor er ihn erkennen kann, muß er also von ihm erkannt sein, und dies heißt im biblischen Sinne: erzeugt sein.«[39] Für Augustinus steht danach das Glauben über dem Denken und demzufolge die Theologie über der Philosophie. Erkennen ist für ihn Einsicht in die Wahrheit, die der Glaube bereits als unmittelbar gewiß anspricht: ›Wir glauben, damit wir erkennen, nicht aber erkennen wir, damit wir glauben.‹[40] Die Gewißheit und Wahrheit des Erkannten wird verbürgt durch das erinnernde Bewußtsein (memoria praeteritorum), das dem Glaubenden das Handeln Gottes mit den Menschen vor Augen stellt.[41] Platonische Einflüsse schlagen durch, wenn Augustinus das Erkennen als Akt des Willens und der Vernunft betrachtet, während er das sinnliche Wesen des Menschen als Anteil am Nichts (paene nihil) und als flüchtige Episode in der Zeit bezeichnet. Die Erfahrungswelt wird so der nichtigen Vergänglichkeit zugeordnet, während die eigentliche Wirklichkeit die von Gott ausgehende Idee ist. Durch dieses vor allem neuplatonisch orientierte Gedankengut ist über Augustinus in das Christentum eine überspitzte Differenzierung zwischen dem Diesseits und dem Jenseits entstanden, die über die Minderbewertung des Natürlichen bis hin zur Weltverachtung führte. Da Augustinus bis zum 12./13. Jahrhundert die alles überragende Autorität war, bestimmte diese Haltung weitgehend das mittelalterliche Denken, ablesbar etwa am Mystizismus und der Scholastik.[42] Neben diesen freilich folgenreichen Fehlentwicklungen bleibt allerdings das Bekenntnis des Augustinus festzuhalten, daß eine der Wahrheit entsprechende Erkenntnis nur dem Glaubenden möglich sei.

b) Anselm von Canterbury

Anselm von Canterbury (1033/1034–1109) argumentierte ganz in augustinisch-neuplatonischen Bahnen und unterstreicht damit die Kontinuität des mittelalterlichen Denkens. Denken und Glauben sind für Anselm untrennbar miteinander verbunden, weder hebt das eine das andere auf, noch kommt das eine ohne das andere aus. Gleichrangig sind die beiden Bereiche allerdings nicht, wie schon die Überschrift des um 1077/1078 verfaßten ›Proslogion‹ deutlich macht: »Fides quaerens intellectum«, der Glaube auf der Suche nach Verstehen.[43] Damit unterstreicht Anselm die Priorität des Glaubens vor der Vernunft, denn nach seiner wohlbegründeten Ansicht kann man nicht zur Einsicht kommen, ohne vorher zu glauben (nisi credideritis, non intelligetis).[44] Der Glaube ist also die dem Denken übergeordnete Autorität. Diese Ordnung ergibt sich aus der Sündhaftigkeit des Menschen: »Der Mensch ist in seinem gegebenen Zustand ins Sinnenhafte verstrickt; sein Denken ist von Vorstellungsbildern verwirrt. Daraus muß er sich lösen; er muß sein ›Herz reinigen‹, und das geschieht im Glauben . . . Die Notwendigkeit, daß der Glaube vorhergeht, ergibt sich daraus, daß die Erkenntnis Gottes und unserer selbst keine reine Theorie ist, sondern die tätige Rückkehr aus der Finsternis.«[45] Dieser transzendentalphilosophische Erkenntnisbegriff verändert auch die Einschätzung des Glaubens. Denn »der Glaube ist nicht mehr nur Anlaß, er wird zum Fundament des Sichbegreifens von Erkenntnis als wahrer Erkenntnis. Das intelligere bleibt dem credere nicht äußerlich, es folgt vielmehr aus ihm und wird zur notwendigen Selbstdarstellung von Vernunft und Offenbarung in eins.«[46]

Anselms Erkenntnislehre ist jedoch nicht ohne Probleme. Unter Glaube (fides) versteht er nicht nur die überlieferte biblische Lehre, sondern vor allem die Konzentration des menschlichen Herzens auf das Ewige, das Unsichtbare, um sich so dem reinen Denken Gottes nähern zu können, das selbst reiner Geist ist. Zwar muß der Mensch dazu erst seine eigene Unzulänglichkeit erfahren, um zur Einsicht, die Anselm göttliche Erleuchtung nennt, kommen zu können, dies ist aber jedem Denkenden möglich. Damit deutet sich eine doppelte Gefahr für den Erkenntnisbegriff an: Zum einen vertieft Anselm die augustinische Trennung von Diesseits und Jenseits, die den Glauben zu einer weltfremden philosophischen Größe werden läßt, zum anderen deutet sich die Möglichkeit der verstandesmäßigen Untermauerung des Glaubens an, die die menschliche Vernunft zum Maßstab hat. An die Stelle der radikalen Neuwerdung des Menschen setzt Anselm die unabhängige Vernunft, die nur in ihrem Ursprung vom Glauben abhängig ist. Konsequent betont er daher im Prolog des 1076 vollendeten ›Monologion‹, daß in diesem Buch »überhaupt nichts durch die Autorität der Schrift zur Überzeugung gebracht werde«, sondern allein durch die Vernunft.[47] Damit steht Anselm an der Schwelle neuzeitlichen Denkens.

c) Thomas von Aquin

Wohl zutreffend hat man das umfangreiche Werk des Thomas von Aquin (1224/1225–1274) die »Kulmination mittelalterlichen Denkens« genannt.[48] Die Aufwertung der Vernunft hatte zu einer Verselbständigung der Erkenntnisproblematik geführt, die sich zwischen den Extrempositionen des reinen Subjektivismus und des reinen Objektivismus bewegte, wie besonders der sogenannte Universalienstreit konkretisiert.[49] Thomas von Aquin bemühte sich um die Vermittlung zwischen den verschiedenen Denkrichtungen und brachte dazu in das theologische Denken, anders als Augustinus und Anselm von Canterbury, die positive Sicht der Weltwirklichkeit nach der aristotelischen Metaphysik ein. Zusammengefaßt hat er sein Denken vor allem in der ›Summa theologiae‹.

Auch Thomas von Aquin ordnet den Glauben der Erkenntnis über: »Da die Gnade die Natur nicht aufhebt, sondern vollendet, muß die natürliche Vernunft dem Glauben untertan sein.«[50] Aber er macht keinen Gegensatz zwischen den Einsichten der natürlichen Vernunft und den aus der Offenbarung hervorgehenden Wahrheiten. Die Erkenntnisfähigkeit des Menschen ist, nach Aristoteles, an die konkrete Welt gebunden, deshalb lehnt Thomas von Aquin jede Form angeborener Ideen ab: »Der menschliche Intellekt als erste Potenz der Seele ist eine tabula rasa. Alle menschliche Erkenntnis beginnt mit der Erfahrung der sinnlichen Wahrnehmung der konkreten Dinge.«[51] Richtmaß und Gesetz des menschlichen Handelns ist die Vernunft, die auch im Hinblick auf die göttlichen Dinge einen eigenständigen Bereich besitzt.[52] Zwar wird betont, daß etwa für die Erkenntnis der Trinität Gottes die Vernunft der überlieferten Glaubenslehre der Kirche bedürfe, insgesamt betrachtet öffnet sich Thomas von Aquin aber doch der Möglichkeit der natürlichen Gotteserkenntnis, die Paulus im ersten Kapitel des Römerbriefes zurückgewiesen hatte. Dieser theologische Bruch entstand unter dem Einfluß der aristotelischen Sicht von der Gottähnlichkeit des Verstandes. Er wurde deshalb für die Zukunft folgenreich, weil damit der Sündenfall als die entscheidende Entfremdung zwischen Gott und Mensch beiseite geschoben wurde. Sah man in der neuplatonisch-augustinischen Linie in dem Bereich der Welt gleichsam ein Nichts, so nahm das thomanische Denken das Leid und die Anfechtung in der auf Erlösung wartenden Welt nicht ernst genug und räumte somit ebenso der Vernunfterkenntnis zu viele Möglichkeiten ein.[53] Die Trennung von Glauben und Denken, jenes Kennzeichen der herannahenden Neuzeit, ist demnach schon im Werk des Thomas von Aquin vorbereitet.

d) Ertrag

Der mit dem Aufkommen des Christentums entstandene Konflikt zwischen Glauben und Denken hat, wenn auch in der Regel in einer von der kirchlichen Autorität approbierten Form, das mittelalterliche theologische Philosophieren bestimmt. Ein Jahrtausend lang wurde die Glaubensbindung an Gott als den Herrn von Schöpfung und Geschichte als erkenntnisleitend weitgehend akzeptiert. Die in der Neuzeit zu beobachtende ausufernde Methodendiskussion zur Erkenntnistheorie gab es in der ersten Hälfte des Mittelalters noch nicht. Sie dämmerte erst herauf, als die Frage nach der Reichweite des menschlichen Erkenntnisvermögens vom 12./13. Jahrhundert an intensiver gestellt wurde. Drei unterschiedliche Denklinien bestimmten die Antwort: Erstens die philosophisch-theologische Mystik, die von Dionysios Areopagita herkommend über Johannes Scotus Eriugenia (ca. 870), Bernhard von Clairvaux (1090–1153), Johannes Fidanza Bonaventura (1221–1274) und Meister Eckehart (ca. 1260–1328) zu Nikolaus von Kues (1401–1464) führte, zweitens die den Neuplatonismus aufnehmende Gedankenbewegung des Augustinus, die Anselm von Canterbury, Roger Bacon und schließlich auch Bonaventura fortführten, sowie drittens die von dem wiederentdeckten Aristoteles bestimmte Richtung, die nach Thomas von Aquin vornehmlich Denker des Spätmittelalters wie Johannes Duns Scotus (ca. 1268–1308) und Wilhelm von Ockham (ca. 1290–1349) prägte.[54] Die Vermittlung zwischen den extremen Positionen im Streit zwischen Glauben und Denken gelang dabei nicht wirklich überzeugend, so daß ganz gegenläufige Ansichten im Mittelalter Bestand haben konnten, etwa der Averroismus des Pariser Professors Siger von Brabant (ca. 1240–1284), der der Vernunft eigenständige Wahrheitserkenntnis einräumte und behauptete, »es gebe eine solche Erkenntnis, durch die wir den Ursprung (sc. Gott) seinem Wesen gemäß erkennen können«[55], gegenüber dem theologischen Verdikt des Petrus Damiani (1006/1007–1072), der über die »blinde Weisheit der Philosophen« spottete und die völlige Unterwerfung der Philosophie unter die Theologie forderte, die »wie eine Magd in einer Art Beflissenheit des Dienens ihrer Herrin untertänig sein« müsse.[56] Die schon aus der Antike bekannten Spannungsfelder setzten sich also im Mittelalter fort, kamen deshalb aber nicht zum Ausbruch, weil man sich doch noch weitgehend an den Traditionsvorgaben der Kirche orientierte. Auch war man sich darüber im klaren, daß diese relative Sicherheit des Denkens an eine stabile, durch die Wahrheit Gottes garantierte Wesensordnung der Dinge gebunden war. Sollte sich dies ändern, so mußten sich die Erkenntnis und die Einschätzung der Realität ebenfalls wandeln.

3. Umorientierung im Zeitalter der Vernunft

a) Auflösungserscheinungen

Die Loslösung des Denkens vom Glauben sowie der Philosophie von der Theologie kündigte sich bereits im

Nominalismus des Spätmittelalters an, gefördert durch den immer desolater werdenden Zustand der Kirche und das Aufkommen partikularer Kräfte in Politik, Wirtschaft und Gesellschaft.[57] Gegen den Universalismus konnten Denker wie Johannes Duns Scotus oder Wilhelm von Ockham den Gedanken der Trennung von Denken und Glauben durchsetzen. Zwar ging es ihnen dabei um die Befreiung des Glaubens von den aristotelischen Denkkategorien, umgekehrt löste sich dadurch aber in der Folgezeit das Erkennen von der Verantwortung vor dem Glauben. Für den Schotten Johannes Duns konnte die Frage nach Gott niemals Gegenstand der philosophischen Erkenntnis sein, war doch das Erkenntnisvermögen des Menschen sowohl durch die Erbsünde als auch durch die unberechenbare Freiheit Gottes eingeschränkt.[58] Der Engländer Wilhelm von Ockham begrenzte die Möglichkeiten der natürlichen Vernunft noch weiter und stellte fest, daß durch deren Erkenntnis nur »gewußt werden kann, ob eine Sache ist oder nicht« und daß daher Gott »von uns nicht intuitiv vom rein Natürlichen her erkannt werden« kann.[59]

So bricht am Ende des Mittelalters das Vertrauen in die natürliche Vernunft mehr und mehr zusammen, an ihre Stelle tritt der Glaube, der eben nicht durch die Erkenntnis der Vernunft ergründet werden kann. Der Nominalismus entwickelte sich unter dem Einfluß der Spätscholastik zu einem skeptischen Empirismus, zweifelte demzufolge an der Erkennbarkeit der absoluten Wahrheit und wandte sich infolge des Interesses an den Einzeldingen verstärkt dem Menschen als Individuum zu, woraus der Humanismus entstand. Die Lehren der Kirche wurden als der Vernunft unbegreiflich erklärt, weil ihnen eine höhere Wahrheit zukomme. Wurde damit zwar zurecht der Glaube wieder mehr betont und die Erkenntnisfähigkeit des Menschen eingeschränkt, bedeutet dies doch das Scheitern des eigentlichen Zieles der Scholastik, den Glauben vernunftmäßig zu begründen. Vor allem aber führte dies nicht zu einer Neuorientierung des Denkens und Erkennens vom Glauben her, sondern zur Verselbständigung und Trennung der Gebiete des Glaubens und des Wissens, so daß in einer vollkommen neuen Epoche sich die Wissenschaften gänzlich von dem Glauben zu lösen vermochten. Konsequenterweise bekämpfte daher Wilhelm von Ockham den Papst, der sich weltliche Entscheidungsbefugnis angemaßt habe, als Ketzer und konstruierte die Lehre von der doppelten Wahrheit, nach der Philosophie und Theologie ebenso wie Staat und Kirche zwei absolut getrennte Bereiche darstellten.[60] Diese Haltung sollte für die Neuzeit konstitutiv werden.

b) Selbstgewißheit

Auf dem so vorbereiteten Boden konnten Renaissance, Humanismus und Reformation vom 15. Jahrhundert an Wandlungen von ungeheurem Ausmaß herbeiführen, die alle bisher bestehenden Einheiten sprengten. So zerfiel die Idee des einen und universalen Reiches der abendländischen Christenheit, und die ideelle Verbindung der geistlichen und der weltlichen Macht wurde aufgegeben. »Der Staat wird nun verweltlicht, und die Kirche wird entweltlicht.«[61] Als besonders schwerwiegend erwies sich der Zerfall der Glaubenseinheit im Gefolge von Reformation und Gegenreformation. Denn nachdem Konfessionskriege Europa erschüttert hatten, »mußte das Prinzip der individuellen Freiheit und die daraus folgende Duldung eines mehr oder weniger weitgehenden religiösen Pluralismus verselbständigt werden gegenüber seiner religiösen Verwurzelung im christlichen Glauben, weil es gebraucht wurde zur Neubegründung der gemeinsamen Basis eines Gesellschaftslebens, das nunmehr unabhängig sein mußte vom zerstörerischen Streit zwischen einander wechselseitig ausschließenden konfessionellen Interpretationen des christlichen Glaubens«.[62]

Diese Emanzipation von den Glaubensgrundlagen im Handeln und Denken wirkte sich auf die Entwicklung der modernen Kultur verhängnisvoll aus, wurden doch die Werte durch diesen Verlust zweideutig und undurchsichtig. Die Folge war in den nächsten Jahrhunderten eine Explosion vor allem naturwissenschaftlicher Erkenntnis, die aufgrund der fehlenden Verwurzelung im Glauben alsbald ein mechanistisches Menschen- und Weltbild entstehen ließ. Als Begründer dieser subjektivistischen Haltung gilt René Descartes (1596–1650), der das Prinzip des methodischen Zweifels und der Kritik in das Denken einführte. Die Überschrift der Einleitung seines Hauptwerkes umreißt bereits das Programm: »Discours de la méthode pour bien conduire sa raison et chercher la vérité dans les sciences.«[63] Die erste Regel seiner Philosophie lautet: »niemals etwas als wahr anzuerkennen, was ich nicht offensichtlich (évidemment) so befunden hätte.«[64] Wahrheit wird hier zu einem subjekti ven Geschehen, der Maßstab der Erkenntnis ist der gesunde Menschenverstand. Dieses »Prinzip der Evidenz impliziert die Subjektivität der Wahrheit; Wahrheit wird mit Gewißheit verknüpft. Ich selbst, reine Aufmerksamkeit, richte mich auf die Sache selbst, die sich unverhüllt zeigt. Erkenntnis ist sonach Intuition . . . Die

Methode ist kein kunstvoll ausgearbeitetes Instrument zum Enthüllen von Geheimnissen, sondern ist die bloße Selbstbesinnung des Verstandes auf sich und seine eigene Kraft, ist seine Selbstdarstellung als das ›natürliche Licht‹, vor dem sich alle Wahrheiten zu rechtfertigen haben.«[65] Der berühmte, die moderne Erkenntnistheorie mit begründende Leitsatz des Descartes konkretisiert dann auch in reduktionistischer Manier den Subjektivismus: »ego cogito, ergo sum«.[66] Als transzendentalphilosophisches Argument führte Descartes zwar Gott noch als die Begründung der Möglichkeit menschlicher Erkenntnis ein, dieser Gott aber ist aller Personhaftigkeit entkleidet und stellt letztlich ein Konstrukt der Vernunft dar.[67]

In der Folgezeit gewannen quantitative Fragestellungen Vorrang vor qualitativen. Über die sicheren Methoden der Mathematik glaubte man, zur wahren Erkenntnis gelangen zu können. Die Vernunft des Menschen wurde zur alleinigen Norm, und nur das erschien akzeptabel, was vernünftig war. Diese Selbstgewißheit erhob den Menschen zum Maß aller Dinge. Deutlich wird sie in der von John Locke (1632–1704) begründeten Erkenntnistheorie des Empirismus. Im Gegensatz zum Rationalismus, der von der Vorfindlichkeit bestimmter Ideen in der menschlichen Seele ausging[68], verstand der Engländer den Menschen als eine tabula rasa. Weder Prinzipien noch Ideen seien angeboren, der Verstand des Menschen sei von Natur aus ungeprägt. Für Locke kommen alle Erkenntnisse aus der durch die Sinne vermittelten Erfahrung.[69] Erkenntnis ist demzufolge von der empirischen Wahrnehmung abhängig und deshalb subjektiv, dem Glauben kommt allein moralische Funktion zu. Die europäische Philosophie hat Lockes Gedanken konsequent aufgegriffen und fortentwickelt, wobei teleologische Gottesbeweise zwar immer wieder eine Rolle spielen[70], der Glaube jedoch immer substanzloser wird. In den Mittelpunkt ist allein der Mensch gerückt, wie etwa der erkenntnistheoretische Skeptizismus von David Hume (1711–1776) verdeutlicht: »Humes Ethik ist eudämonistisch, da sie das Glück aller als Ziel setzt, hedonistisch, soweit der Lusterwerb eine tragende Rolle spielt, und utilitaristisch, soweit sie den Standpunkt der Nützlichkeit vertritt.«[71]

Diese Wende zur Neuzeit wird geschichtsphilosophisch greifbar bei Giambattista Vico (1688–1744). Wahrheitserkenntnis ist für ihn nicht im Bereich der Naturwissenschaften möglich, sondern nur in dem der Geschichte und damit der Anthropologie. »Da wirkliches Wissen immer das Wissen von Ursachen ist, können wir nur wahrhaft und gründlich über das Bescheid wissen, was wir auch selbst verursacht und gemacht haben.«[72] Danach erhält allein die geschichtliche Faktizität das Privileg, Inhalt der Wahrheit zu sein. Da nach Vico die Geschichte aber bloße Ursache des Menschen ist, kann also nur das als wahr erkannt werden, was der Mensch selbst gemacht hat. Vico spricht zwar noch davon, die Welt der Natur sei über die Einsicht Gottes zugänglich, dieser religiöse Bezug aber ist bei ihm überaus spärlich. Vico steht damit an der Grenze zwischen einem theologischen und einem anthropologischen Zeitalter, in dem »der Mensch sich nur noch selbst (begegnet), weil es außer ihm kein Du gibt.«[73]

Die entscheidende Signatur der Neuzeit ist die Ablehnung jeder dem menschlichen Wissen heterogen erscheinenden normativen Instanz, die als Entmächtigung verstanden wurde, und, daraus abgeleitet, die Notwendigkeit der Selbstvergewisserung der menschlichen Erkenntnismöglichkeiten. »Weil nur noch die menschliche Gewißheit als Instanz aller Erkenntnis akzeptiert werden kann, wird das Ich-Denke die Grundlage als ›fundamentum inconcussum‹ alles wissenschaftlichen Wissens.«[74] Die Konsequenz dieser neuen Selbstgewißheit des Menschen war eine sprunghafte Zunahme ganz unterschiedlicher Erkenntnistheorien. Sie freilich vermitteln den Eindruck, daß gerade diese Fülle die Unfähigkeit der für absolut erklärten Vernunft des Menschen zu wahrer Erkenntnis aufdeckt.

c) Aufklärung

Den Anfang der modernen humanistischen Philosophie markiert also die Selbstgewißheit: »Der souveräne Mensch nimmt zum ersten Mal sich selbst als Referenzpunkt für sein ganzes Denken und Bestehen: Die Vernunft ist die Quelle unserer Erkenntnis«, oder, anders ausgedrückt: »Das individuelle Ich setzt sich an die Stelle Gottes.«[75] Die Folgen dieser Selbstermächtigung sind unübersehbar. Durch den Verzicht auf die Gottesorientierung ging der gemeinsame Maßstab des Denkens verloren, und es begann eine Phase der Subjektivität, die fortan die Paradigmen des Erkennens bestimmte. Die Verabsolutierung der empirischen Wissenschaft drohte, wie Immanuel Kant (1724–1804) richtig sah, das Ideal der freien Persönlichkeit des Menschen einzuschränken und Werte wie die Ethik und den Glauben zu überwinden. Konnte es, so lautete daher die entscheidende Frage, im Zeitalter der Aufklärung überhaupt noch

Gotteserkenntnis geben? Kant verneint diese Frage: »Für das Dasein des Urwesens, als einer Gottheit, (ist) schlechterdings kein Beweis in theoretischer Absicht ... für die menschliche Vernunft möglich.«[76] Er begründete diese Einschränkung der Erkenntnismöglichkeiten mit der Ansicht, das menschliche Denken beziehe sich nur auf empirische Anschauungen. Da sie immer subjektiv bleiben, kann der Mensch die Dinge nie so erfassen, wie sie an sich sind, sondern hat es nur mit ihren Erscheinungen zu tun. Außerhalb dieses Subjekt-Objekt-Schemas geben allein drei angeborene Ideen dem Menschen eine Ahnung von dem Bereich außerhalb seines Denkens: die kosmologische Idee (die Totalität der Natur), die psychologische Idee (die substantielle Seele als Substrat der Idee der Welt) und die Idee Gottes (als Ursprung von Natur, Welt und Seele). Dem Bereich der Vernunft und dem der Ideen kommen unterschiedliche Erkenntnisarten zu, die nicht vermischt werden dürfen. Während die »Vernunft nur das einsieht, was sie selbst nach ihrem Entwurfe hervorbringt«[77], kann Gott nicht durch den Verstand erkannt werden, er ist nicht erfahrbar, der Vernunft nicht zugänglich, daher kann man von ihm nur sagen, was er nicht sei (Prinzip der negativen Gotteserkenntnis).[78] Da es aber in der Natur des Menschen offensichtlich den Gottesgedanken gibt und Kant die Anlagen für gut hält, setzt er letztlich Gott und Vernunft gleich: »Das Ideal des höchsten Wesens ist ... nichts anderes, als ein regulatives Prinzip der Vernunft.«[79] Das Dasein Gottes ist demnach »reiner praktischer Vernunftglaube« und das moralisch-sittliche Verhalten, welches Kant in dem Kategorischen Imperativ formuliert hat, »muß ... die Existenz Gottes, als zur Möglichkeit des höchsten Guts ... notwendig gehörig, postulieren«.[80]

Damit begründet Kant eine philosophische Moraltheologie, in der die Religion eine Folge der Moral ist. Nach diesem Erkenntnisprinzip sind die christlichen Dogmen der Vernunft anzupassen[81], die Rechtfertigung des Menschen entspringt seinem Willen zur reinen moralischen Gesinnung. Weiß Kant zwar auch um das Böse im Menschen[82], so postuliert er gleichwohl den unendlichen moralischen Fortschritt, der allein in der Macht der Vernunft liegt. »Das ethische Ich kennt also keine infragestellende, richterliche Instanz über sich, weil Gott als auctor legis ja nur ein ›Hinzugedachtes‹, eine bloße Chiffre für die Unbedingtheit der sittlichen Gebote ist. Dieses Ich ist selber letzte Instanz!«[83] Damit räumte der Königsberger Philosoph der Vernunft das entscheidende Recht in der Gottesfrage ein und ordnete die Kategorie der Offenbarung dem Denken unter. Die einschneidende Folge dieser Ansicht war die Trennung von Glauben und Denken, von Religion und Wissenschaft, die seit Kant das bindende Axiom aller Erkenntnistheorie ist. Infolge dieser Dichotomie mußte Religion nicht mehr notwendigerweise wissenschaftlich oder geschichtlich relevant sein.[84]

Die Konsequenz dieser wissenschaftstheoretischen Revolution ist die absolute Unvereinbarkeit der Bereiche Glauben und Denken und darüber hinaus die Ansicht, die christliche Offenbarung sei unvernünftig. »Das Unvernünftigfinden des christlichen Glaubens ist nur die Konsequenz einer selbst dogmatischen Setzung der modernen emanzipierten Vernunft.«[85] Aus der Trennung des Denkens vom Glauben ergab sich ferner für die Philosophie das Prinzip der Voraussetzungslosigkeit, reflektiert die Vernunft doch frei und ungeschichtlich auf sich selbst. Dieses Postulat wurde von Georg Wilhelm Friedrich Hegel (1770–1831) eingeführt, der mit seinem idealistischen System wie kein anderer zur Destruktion des biblischen Christentums beigetragen hat, obwohl gerade er sich als theologischer Philosoph verstand.[86] Der sogenannte preußische Staatsphilosoph hat die bisherigen Ansichten der Erkenntnistheorie auf den Kopf gestellt, indem er Kants Subjekt-Objekt-Relation auflöste und an ihre Stelle die Identität von Vernunft und Wirklichkeit setzte.[87] Für Hegel ist der endliche menschliche Geist die Durchgangsstation der Selbstentfaltung des Weltgeistes, der bei ihm auch mit dem Begriff ›Gott‹ belegt wird. Dadurch wird alles Wirkliche vernünftig und gut, der Erkenntnis des Ichs als dem Reflektor der Weltvernunft ist alles Wirkliche zugänglich. Die Religion und damit für Hegel auch das Christentum ist in diesem Entwurf nichts anderes als »das Selbstbewußtsein des absoluten Geistes«.[88] Daraus nun zieht Hegel die Schlußfolgerung: »Ohne Welt ist Gott nicht Gott.«[89] Das aber offenbart die ganze Hybris der Hegelschen Spekulation, wie Helmut Thielicke treffend bemerkt hat: »Denn in dieser Spekulation ist Gott nicht der Herr, der in Form einer creatio ex nihilo eine im Abstand zu ihm bleibende Welt erschafft und selbst im Schweigen der Urzeit noch der Dreieinige Gott ist, sondern er ist an die Existenz der Welt und des Menschen gebunden. Eritis sicut Deus: Der Mensch ist nicht nur ›wie‹ Gott, sondern er ist nichts Geringeres als die Ermöglichung Gottes, er ist eine seiner Modifikationen.«[90] Damit wird das Christentum, wie später Ludwig Feuerbach (1804–1872) und Karl Marx (1818–1883) als Linkshegelianer konkretisierten[91], zu einem Phänomen des menschlichen Bewußtseins, die Philosophie bestimmt nunmehr als Herrin der Theologie deren Wahrheitsgehalt. Vor allem aber wird durch die Gleichsetzung von Gott und Weltgeist und die Einführung des dialektischen Prinzipes das Christentum seiner Historizität beraubt und somit durch die konsequente Verwirklichung der aufgeklärten Vernunft zerstört.[92] Diese »Transformation des Glaubens in das Denken, des Geschichtlichen in die bloße Geltung und der Theologie in Philosophie«[93] bedeutete eine erkenntnistheoretische Unterwanderung des Christentums, die in der Folgezeit »notwendig zum Atheismus führte«.[94] Sie zeigt sich besonders in Hegels Umdeutung der Trinität in die Dreigliedrigkeit seiner Dialektik: Gott ist danach der bei sich selbst bleibende Gedanke (Gott als Vater = These), Gott ist auch manifestiert im endlichen Geist in der Natur (Gott als Sohn = Antithese), und schließlich ist Gott die unendliche Versöhnung der entäußerten Welt mit dem ewigen Wesen (Gott als heiliger Geist = Synthese).[95] Auf diese Weise wandelt Hegel die Offenbarung Gottes in eine philosophische Formel um. In seiner spekulativen Philosophie löst er alle Gegensätze auf, also auch die Polarität zwischen Gott und Mensch sowie die zwischen Gut und Böse. Die dialektische Entfaltung der Vernunft führt nach Hegel schließlich zur positiven Vollendung der Welt, die er selbst in seiner Philosophie zu erblicken wähnte.

d) Ertrag

Die Selbstgewißheit der Aufklärung schien dem Erkenntnisradius des Menschen unbegrenzte Möglichkeiten zu eröffnen, denen gegenüber das Christentum mit seinem Rekurs auf die Autorität Gottes sich in der Krise befand. Die Anthropologie hat sich gewandelt, so daß Begriffe wie Sünde, Gnade und Rechtfertigung zu Fremdwörtern geworden waren: »Der Mensch war eine edle Kreatur..., das Universum war wunderbar entworfen...; die politische Ordnung war sicher gegründet, und die Freiheit... war ein Teil der festen Struktur der Gesellschaft. Gott schließlich, der letzte Grund dieser Stabilität, blieb diskret im Hintergrund, als eine Art Ehrenpräsident des Universums, das er geschaffen hatte.«[96] Entscheidend bei dieser Weltsicht war die Selbstgewißheit des Menschen, allein von sich selbst abhängig zu sein. Glauben und Denken waren endgültig auseinandergefallen, der Glaube war entweder Privatsache oder moralisch-sittlicher Antrieb der Vernunft, das Denken hatte sich von jeder Verantwortung vor einer anderen Instanz als sich selbst befreit.[97] Diese Loslösung von jeder Metaphysik ließ den Fortschritt, jenes Beweismittel der Vernünftigkeit des Menschen, planbar erscheinen. Diese Hoffnung kollidierte jedoch in der Folgezeit mit dem Fortbestand individueller und gesellschaftlicher Leiden, was die Kritik an dem Erkenntnisideal förderte und immer wieder die Sinnfrage aufkommen ließ. Dies führte freilich nicht zur Überprüfung der Paradigmen, sondern geradezu zu einer Explosion neuer philosophischer und auch ideologischer Erkenntnistheorien, die nicht die Freiheit, sondern vielmehr die Unsicherheit des Denkens ohne den Glauben konkretisieren.

4. Ungewißheit im Denken der Gegenwart

Das Thema der modernen Erkenntnis- und Wissenschaftstheorie ist nicht so sehr die transzendentale Reflexion auf die originäre Vernunft oder die Selbstentfaltung des absoluten Wissens, sondern die Suche nach einer Methodologie der exakten, empirischen und historischen

Wissenschaften. Daraus hat sich in den letzten hundert Jahren eine kaum mehr zu überblickende Zahl von konkurrierenden Theorien entwickelt, von denen die wichtigsten zumindest erwähnt werden sollen.[98]

Am Beginn dieser Entwicklung stand im 19. Jahrhundert die Absage an den Idealismus zugunsten eines Realismus, der die Philosophie durch die Wissenschaft und die Erkenntnistheorie durch die Methodologie ersetzen wollte. Dementsprechend orientierte sich der Erkenntnisbegriff des Positivismus etwa eines Auguste Comte (1798–1857), John Stuart Mill (1806–1873) und Herbert Spencer (1820–1903) am Ideal der exakten Naturwissenschaften: »an Empirie, Logik und Experiment. Die Wandlung der Erkenntnistheorie zur analytischen Wissenschaftslehre beschreibt den Prozeß der Eliminierung aller metaphysischen Gehalte im Begriff des Erkennens.«[99] Viele wissenschaftliche Disziplinen folgen bis heute dieser positivistischen Axiomatik, die die Frage nach der Wahrheit des empirisch Erkannten im Grunde ausgeblendet hat. Nach der Auffassung der psychologischen Richtung der Erkenntnistheorie ist daher die Wahrheit der Erkenntnis die »Erfahrung des Selbstvertrauens der Vernunft in ihre unmittelbaren Einsichten«.[100] Konsequent fortgeführt wird dieser Ansatz in dem Empiriokritizismus von Ernst Mach (1838–1915), für den es keine Wirklichkeit, sondern nur noch subjektive seelische Vorstellungen gibt. Die Erfahrungswelt der Empirie bestimmt nunmehr den Erkenntnisradius.[101]

Gegen den Positivismus wandte sich dann der Neu-Kantianismus, dessen Erkenntnisideal von den exakten Naturwissenschaften und der Autonomie der freien sittlichen Persönlichkeit ausging. Seiner sogenannten Marburger Schule, zu deren Vertretern Friedrich Albert Lange (1828–1875), Hermann Cohen (1842–1918) und Paul Natorp (1854–1924) gehören, kam es auf die Logisierung der Wirklichkeit an, derzufolge die Philosophie vollkommen metaphysikfrei die Urteile der einzelnen Wissenschaften über die Wirklichkeit zu prüfen habe.[102] Die Südwestdeutsche Schule von Wilhelm Windelband (1848–1915) und Heinrich Rickert (1863–1936) dagegen betrachtet Erkenntnis als Erzeugnis der immanenten Vernunft, die unabhängig sei von dem Vergleich mit der Wirklichkeit.[103]

Die sich daraus entwickelnde Verselbständigung des historischen Prozesses von der Erkenntnis führte zu der gegenläufigen Bewegung der geisteswissenschaftlichen Philosophie von Wilhelm Dilthey (1833–1911), der Erkenntnis als nachvollziehendes Verstehen erklärte. Er differenzierte zwischen dem Erklären der Naturwissenschaft und dem Verstehen der Geisteswissenschaft und betonte, nur das könne verstanden werden, was einen Anknüpfungspunkt in dem Verstehenden selbst hat.[104] Die Geschichte formt sich danach zu einer philosophischen Anthropologie, deren Anfangs- und Endpunkt allein der Mensch ist.

Die immer tiefer gehende Ablehnung transzendentaler Perspektiven zeigt sich auch im kritischen Realismus, zu dessen Vertretern Nicolai Hartmann (1882–1950) zu rechnen ist, der alles Gegebene als einfach vorhanden ansieht und deshalb keinerlei metaphysische Realitäten in Ansatz bringt.[105] Auf dieser Linie liegt auch der Neupositivismus, auch logischer Positivismus oder logischer Empirismus genannt, der aus dem ›Wiener Kreis‹ von Moritz Schlick (1882–1936) hervorging und besonders von Otto Neurath (1882–1945), Hans Reichenbach (1891–1953) und Rudolf Carnap (1891–1970) gefördert wurde. Der Neupositivismus beschränkte die Philosophie auf die Bereiche Logik und Wissenschaftskritik und wies jeder Wissenschaft allein die Aufgabe zu, die jeweils beobachteten Phänomene präzise und in sich widerspruchsfrei zu beschreiben. Von daher ergab sich eine radikale Ablehnung jeder Metaphysik als unwissenschaftlich. Denn Metaphysik diene allein der Befriedigung von Gemütsbedürfnissen, ihre Probleme seien ›Schein-Probleme‹, wie Rudolf Carnap bemerkte.[106] Dementsprechend verlangte der Neupositivismus die konsequente Durchführung des empirischen Sinnkriteriums: Ein Satz bzw. eine Aussage sind nur dann sinnvoll und gültig, wenn sie logisch und empirisch überprüfbar, also verifizierbar sind. Die Konsequenz dieses Verifizierbarkeitskriteriums als Norm des Erkennens, das nur wissenschaftliche Aussagen überhaupt als sinnvoll akzeptiert, ist die Verwerfung sämtlicher metaphysischer und theologischer Aussagen, die sich eben nicht empirisch bewahrheiten lassen.[107]

Gegen diese Reduktion wandte sich Karl Popper (*1902), ursprünglich selbst vom Neupositivismus ausgehend, mit dem Programm des kritischen Rationalismus.[108] Popper wies das Verifizierbarkeitskriterium als unbrauchbar zurück, weil danach letztlich auch die subjektive Erfahrung der Naturgesetze sinnlos würde, und postulierte statt dessen das Falsifizierbarkeitskriterium. Da Theorien immer Hypothesen seien, sei es sinnlos, sie verifizieren zu wollen. Deshalb komme es zur Erweiterung des menschlichen Wissens allein darauf an, festzustellen, welche der zur Verfügung stehenden Theorien falsch seien. Poppers Ziel ist es also, den Wissenschaften den Realitätsbezug zu sichern, an deren Rationalitätscharakter er ebenso wie die Vertreter des Neupositivismus festhält. Den Erkenntnisradius grenzt er insofern ein, als der Wissenschaftler die absolute Wahrheit seiner Aussagen eben nicht beweisen kann. »Wissenschaft nähert sich der Wahrheit im Prozeß von fortlaufenden Theoriesetzungen und deren Widerlegungen immer mehr an; allerdings ohne diese Wahrheit – bedingt durch die Endlichkeit des menschlichen Erkenntnisvermögens – letztlich erreichen zu können.«[109]

Lediglich hingewiesen sei noch auf die folgenden Ansätze. Für die Existenzphilosophie hat die gegenständliche Welt ihre Bedeutsamkeit weitgehend eingebüßt zugunsten der Subjektivität der Existenz. Der Sinn des Seins ist etwa für Martin Heidegger (1889–1976) nicht objektivierbar, Erkenntnis bleibt deshalb »funktional bezogen auf das jeweilige Sich-zu-Schicken des Seins«.[110] Die Hermeneutik von Hans-Georg Gadamer (*1900) sieht in der Sprache als der Objektivation der subjektiven Selbst- und Welterfahrung die Voraussetzung der Erkenntnis, weshalb die Sprache »zum Leitfaden für die Bestimmung der Geschichte als Wirkungszusammenhang und Überlieferungsgeschehen« wird.[111] Der Neomarxismus der sogenannten kritischen Theorie betrachtet das erkenntnisleitende Interesse anhand von Kommunikationsabläufen in der Gesellschaft. Aufgrund der Definition der Wahrheit als Konsensus-Wahrheit werden dabei transzendente Bezüge ausgeschlossen und Erkenntnis funktional von gesellschaftlichen Interessen und Zielen bestimmt.[112] Schließlich ist noch die in letzter Zeit stark beachtete evolutionäre Erkenntnistheorie zu nennen, gefördert etwa von Rupert Riedl, Gerhard Vollmer, Hoimar von Ditfurth und Konrad Lorenz.[113] Das zentrale Axiom dieser vielfach als dritte kopernikanische Wende gerühmten Theorie ist die Herleitung des menschlichen Geistes allein aus den Naturgesetzen. Für die Erkenntnis bedeutet das: »Die Ordnungsmuster unseres Denkens sind ein Selektionsprodukt aus den Ordnungsmustern der Natur... Im Laufe der Evolution extrahierten die Organismen also lebenserhaltende Information (nur solche!) aus dem für sie relevanten Milieu. Das heißt aber, daß unser Gehirn, unser Denken zum Zwecke des Überlebens und nicht zum Zwecke objektiver Erkenntnis ›geschaffen‹ wurde.«[114] Nun könne der Mensch erstmals über sich selbst nachdenken und seine Vernunft neu begreifen, ihre Herkunft und Mängel durchschauen. Nach Ansicht der evolutionären Erkenntnistheorie ist dies die einzige Überlebenschance des Menschen.[115]

Überblickt man die Situation der Erkenntnistheorie im 19. und 20. Jahrhundert, so entsteht der Eindruck der Zunahme der offenen Fragen. Dementsprechend faßt das ›Historische Wörterbuch der Philosophie‹ zusammen: »Vor allem der Streit um die (logische, psychologische, ontologische) Existenzweise der Erkenntnisprinzipien, das Problem der Voraussetzungslosigkeit der erkenntnistheoretischen Erkenntnis selbst (Zirkelhaftigkeit des Erkennens) und die Frage nach dem vorausgesetzten Erkenntnisbegriff (Subjekt-Objekt-Problem) stellen Aporien dar, auf Grund deren sich die Einsicht durchsetzte, daß die erkenntnistheoretische Fragestellung selbst eine derivative und fundierte ist und somit auf eine vorgängige Disziplin des Denkens verweist; in deren Bestimmung gehen die Standpunkte allerdings weit auseinander.«[116] So ist der Ertrag der neuzeitlichen Erkenntnismethode eher verwirrend und dürftig. Drei Aspekte fallen dabei auf, die die Situation des Denkens in der Gegenwart bestimmen.

Erstens die endgültige Trennung von Glauben und Denken. Die Metaphysik gilt als unvernünftig, transzendentale Bezüge werden ausgeklammert. Die Vernunft und ihre Erkenntnismöglichkeiten sind somit von jeder Verantwortlichkeit befreit. In der Folge davon wird freilich das erkennende Denken blockiert, wird doch durch die Transzendenzlosigkeit der Erkennende immer wieder auf die eigene Begrenztheit zurückgeworfen.

Zweitens hat diese Reduktion zu einer Überbewertung der Methodenfrage geführt. Die eigentlichen Sachfragen bleiben mehr im Hintergrund, man bleibt in immer neuen methodologischen Erwägungen stecken. Helmut Thielicke hat diese Situation treffend karikiert: »Methodenfragen sind jedenfalls ein Transportproblem. Transportfragen stellen sich aber erst, wenn die Ware da ist. Ohne Ware sind Transportüberlegungen absurd. In diesem eigentümlichen Stadium der Absurdität scheinen wir uns heute aber nicht selten zu befinden.«[117]

Drittens ist die Unsicherheit der Erkenntnis überhaupt festzustellen, die aus dem Verzicht auf eine gemeinsame Basis des Denkens und einem daraus abgeleiteten Verantwortungsbewußtsein resultiert. Ein tragender Maßstab ist deshalb mehr denn je ein Desiderat.

II. Auswirkungen des modernen Erkenntnisbegriffes auf wissenschaftliche Disziplinen

Es versteht sich von selbst, daß diese Entwicklung der Erkenntnistheorie das Erscheinungsbild aller wissenschaftlichen Disziplinen spätestens seit der Einführung der Lehrfreiheit bestimmen mußte. Der damals postulierte Pluralismus, der etwa so unterschiedliche Professoren wie den Aufklärer Christian Thomasius (1655 bis 1728) und den Pietisten August Hermann Francke (1663–1727) in Halle nebeneinander lehren ließ, ist inzwischen einer Uniformität gewichen, die bibeltreuen Wissenschaftlern den Weg auf einen Lehrstuhl sehr schwer macht.[118] Gerade diese bewußte Abschottung einem anderen paradigmatischen Denken gegenüber offenbart Krise und Unsicherheit der modernen Erkenntnistheorie, was sich ja auch in dem wissenschaftlichen Ringen zwischen Evolutionismus und Kreationismus zeigt. Die erforderliche Auflistung der Auswirkungen der Vernunftreligion auf die Wissenschaft müßte Grundlagen und Methoden der einzelnen Disziplinen im Wandel ihrer jeweiligen Entwicklungsgeschichte analysieren, um dann ihren Standort im Denken der Gegenwart einschätzen zu können. Diese umfangreiche Forschungsaufgabe kann hier nicht geleistet werden[119], zumindest exemplarisch soll jedoch die Situation einiger Gebiete skizziert werden.

1. Theologie

Als in der wissenschaftlichen Theologie das geistliche Leben erstarb, verlagerte sich ihr Denken auf Fragen der

Methodologie, die seit nunmehr zweihundert Jahren vorherrschen. Auch hier soll der Methodenstreit die Ungewißheit der Erkenntnis verdecken. Die moderne Hermeneutik ist daher ein Kind der Aufklärung, die zwischen Gottes Wort und der Bibel meinte differenzieren zu müssen. »Das bedeutet, daß die Geschichte der Bibelkritik von Anfang an mit dem übergeordneten Maßstab der natürlich-vernünftigen Aufklärungsreligion verbunden war und die Bibelauslegung ihm immer stärker unterworfen wurde. Unumgängliche Konsequenz eines inhaltlich so stark geprägten Maßstabs ist eine Hermeneutik, die wertend und umdeutend dem Bibeltext gegenübertritt und, wo sich nichts mehr umdeuten läßt, biblische Aussagen auch verwirft.«[120]

Die aus dieser Methode resultierenden Wege und Irrwege der Theologiegeschichte sollen hier nicht nachgezeichnet werden.[121] Deutlich wird dabei, daß sich die Theologie der Erkenntnisvielfalt öffnet, weil sie den ihr eigenen Kern, ihr Proprium, nämlich die Botschaft des gekreuzigten und auferstandenen Christus, aufgegeben hat. Dem Glauben droht deshalb die Auflösung in Existentialismus, Psychologie, Soziologie, Neomarxismus und Nihilismus.[122] Die Theologie aber sieht diese Gefahren nicht und öffnet sich immer neuen Standpunkten. Der Erlanger Kirchenhistoriker Walther v. Loewenich (*1903) hat diese Methode der Genitiv-Theologien sehr treffend dargestellt, indem er von einem ›theologischen Karussell‹ spricht: Man »suchte das Heil in einer Theologie der Hoffnung. Der Marxismus zog auf breiter Front in die Theologie ein. Man war die überkomplizierte Problematik satt und glaubte, wieder ein Ziel zu haben: Die Theologie soll dazu beitragen, die Welt zu verändern. Daß die Kirche an ihrem Teil an einer Verbesserung der ›Strukturen‹ mitarbeiten und sich nicht auf die Rolle des barmherzigen Samariters beschränken soll, ist richtig; es fragt sich nur, wie das geschehen soll. Sie benötigt dazu Sachverstand und muß bedenken, daß nicht jede Veränderung eine Verbesserung ist. Das hat man in der Gegenwart da und dort vergessen. Die ›Theologie der Revolution‹ wurde zur Mode. Man stieg auf die Barrikaden und gebärdete sich als Partisan. Nach der Vorherrschaft der Anthropologie in der Theologie kam jetzt die Soziologie an die Reihe. Nun sollte auch die Kirchengeschichte rein unter soziologischem Aspekt gelehrt werden. Thomas Müntzer wurde als der wahre Prophet der Deutschen gegen Martin Luther ausgespielt. Die Praktische Theologie begab sich unter die schirmenden Fittiche der Psychologie. Den Verlust der Substanz konnte man damit nur mühsam tarnen. Das Heil suchte man in der Wiedergewinnung der Identität. Die Seelsorge flüchtete sich in die Gruppendynamik. Mancher Theologe machte als ›supervisor‹ gute Geschäfte. Der Religionsunterricht, der nach dem Krieg höchst anspruchsvoll zur ›kirchlichen Unterweisung‹ geworden war, wurde zur ›problemorientierten‹ Diskussion. Im Gottesdienst begann das Experimentieren mit ›Modellen‹. ›Gott liebt die Veränderung‹ wurde das neue Dogma. Schließlich gelangte man zu der ›Gott-ist-tot-Theologie‹, zu der Theologie nach dem Tode Gottes. Damit war man an einem Endpunkt angelangt.«[123]

Orientierungslos gewordenes Erkennen führt in die Irre und wird ideologieanfällig. In diesem Dilemma steckt die Theologie bis heute.

Als die Geschichte durch die Ausbildung der kritischen Methodik im 19. Jahrhundert zur Wissenschaft erhoben wurde, stand sie auf dem Boden der Geschichtsphilosophie der Aufklärung, die ihr eine doppelte Perspektive gab: erstens nicht in der Erforschung des Vergangenen zu verharren, sondern das geschichtliche Geschehen von der Gegenwart her im Blick auf die Zukunft zu bedenken; zweitens Geschichte unter die Idee des Fortschrittes zu stellen, wie etwa Hegel es bezüglich der Entfaltung des Weltgeistes konkretisiert hatte.[124] Aufgrund konkurrierender Erkenntnisansätze geriet die junge Disziplin rasch in die Krise. In ihrem Vertrauen in den methodischen Zugriff begab sie sich auf die Suche nach Tendenzen und historischen Gesetzmäßigkeiten, die dann zu Zielbestimmungen und Normgebungen umgedeutet wurden.[125] Steht die Geschichtswissenschaft somit bis heute in der Gefahr der Vereinnahmung durch Ideologien, so ist andererseits die Frage nach dem Sinn aufgegeben worden, und man definiert Geschichte als den »Prozeß des Geschehens, der nur in sich selbst als Vollzug seinen Sinn bekundet«.[126] Neben weltanschaulich determinierter Geschichtsbetrachtung führte diese Entwicklung in der Gegenwart zu einem Bedeutungsverlust der Geschichte im Vergleich mit den Naturwissenschaften und ihrer Unterordnung unter eine evolutionistische Entwicklungsgeschichte[127] oder aber zu einer zur Zeit recht beliebten Betrachtungsweise der Geschichte als reiner Vergangenheitsschau. Ausdruck dieser gleichsam kontemplativ, jedenfalls nicht zukunftsbezogenen positivistisch betriebenen Geschichte sind die Wiederentdekkung oft mythologisch eingefärbter Werke über das

Mittelalter, die überaus erfolgreichen historischen Ausstellungen, die mit ihrer aufgebotenen Materialfülle die Betrachter in den Bann einer geschlossenen Vergangenheit ziehen und die neuesten Forschungsrichtungen der ›Geschichte zum Anfassen‹, der ›Geschichte von unten‹ und der ›Geschichte des Alltages‹, die in detailversessenen Mikroanalysen die geschichtswissenschaftliche Disziplin in die Sackgasse führen, weil sie auf die Integration ihrer Ergebnisse in einen größeren historischen Kontext verzichten und so dem Spannungsverhältnis von Ereignis und Struktur nicht gerecht werden.[128] Als Folge dieser Engführungen stellt sich Geschichte mehr und mehr als Appendix der Sozialwissenschaften dar und gerät so in die Gefahr des Dezisionismus, der sich ohne Begründung ideologischen Strömungen hingibt.[129] Damit aber wird die Geschichtswissenschaft unzuständig für die Zukunft und vermag keine Orientierung mehr zu geben.

Der eigentliche Grund für diese Entwicklung liegt jedoch in dem Verzicht auf die Beantwortung der Sinnfrage. Denn »nachdem die Historie den Gottesgedanken verabschiedet hat, der dem traditionellen Geschichtsdenken die Einheit und den Sinn der Geschichte garantiert, befindet sich die moderne Geschichtswissenschaft in einer Grundlagenkrise, die es ihr nicht mehr möglich macht, begründet vom Sinn und von der Einheit der Geschichte zu sprechen ... Das durch diese agnostische Grundhaltung der modernen Historie entstandene Theoriedefizit entzieht aller historischen Erkenntnis die wissenschaftliche Basis.«[130] Geschichte ist aber ohne Gott als den Herrn der Schöpfung und der Historie nicht sinnvoll und einheitlich denkbar. Sie muß bei einem Verzicht darauf in historisierende Einzeluntersuchungen verfallen oder sich geschichtsphilosophisch-ideologischen Entwürfen immanenter Art unterwerfen. In dieser Weise führt ein reduktionistisches Erkenntnisideal zu der Auffassung von der Sinnlosigkeit der Geschichte.

3. *Pädagogik*

Die Pädagogik als die Idee der allgemeinen Menschenbildung hat sich in besonderer Weise dem Erkenntnisideal der Aufklärung angepaßt und folgte daher ihren Vorstellungen, die Fritz Blättner so skizzierte: »Der persönliche Gott Luthers wird zur Allvernunft, die von der menschlichen Vernunft ermessen wird. Der Natur ist Mathematik, der Geschichte ist Vernunft immanent. Die Menschheit geht nicht ihrem Ende im Gericht, sondern ihrer Vollendung in der Naturbeherrschung entgegen. Die ›Neuzeit‹ geht in eine unendliche Zukunft vorwärts und schafft ›objektiv‹ Kultur und ›subjektiv‹ Bildung.«[131] Der Bezugsrahmen dieses Programms war das sogenannte Sittengesetz, verbunden mit der Idee allgemeiner Religiosität und Toleranz. Als jedoch die Realität diese angeblich anthropologischen Vorgaben konterkarierte, erlag auch die Pädagogik der Gefahr der Ideologisierung und wurde zur Erfüllungsgehilfin entsprechender Ideen. So entstand etwa in den USA unter dem Einfluß des Darwinismus eine pragmatische Pädagogik, die im Handeln das Kriterium des Denkens sah und Wahrheit von ihrer Brauchbarkeit her definierte.[132] In der Bundesrepublik Deutschland ist diese Wende ablesbar an der Herauslösung der Pädagogik aus dem Bereich der Geisteswissenschaften und der Annäherung an die Sozialwissenschaften, was zu einer Anbindung der pädagogischen

Theorie an die statistisch orientierte Psychologie und die empirische Sozialforschung führte. Mit den Schlagworten Emanzipation, Selbstverwirklichung, Autonomie und Konfliktstrategie etablierte diese Pädagogik ein mechanisches Menschenbild, das den Menschen »als das Produkt seiner Verhältnisse konditionierbar zu diesem oder jenem Verhalten« erscheinen ließ, weil sie Bildung als Verhalten definierte und so »die Erziehung zum Dressurakt« machte.[133]

Erich Geissler kennzeichnet diese Entwicklung als Ergebnis eines verfehlten Erkenntnisbegriffes und zeigt, warum eine dem verhaftete Pädagogik scheitern muß: »Mit der fortschreitenden Ausdifferenzierung von Erkenntnismethoden (werden) Erkenntnisgegenstände, vor allem solche struktureller Art, immer mehr ins Ungewisse gesetzt... Der Nominalismus entzieht den Allgemeinbegriffen reale Existenz, der Historismus beschränkt die Gültigkeit von Aussagen auf Epochales, der Pluralismus läßt selbst innerhalb einer begrenzten Zeiteinheit nur Relatives übrig, Psychoanalyse endlich unterläuft Objektivität zu einem nicht geringen Teil durch subjektive Projektion. Kurzum: die verfeinerten Mittel der Erkenntnis hoben deren Gültigkeit mehr und mehr auf.«[134] Die zentrale Ursache dieser Entwicklung ist der Verlust der ethischen Werte infolge einer falschen Anthropologie, der seinerseits die Konsensusmöglichkeiten einer Gesellschaft reduziert. Die Pädagogik scheint sich zu weiten Teilen dieser Tendenzen bewußt geworden zu sein. Ohne freilich die emanzipatorischen Leitideen aufzugeben, besinnt man sich daher neuerdings wieder auf Erziehung als Bildung werteverpflichteter Menschen. Nicht mehr die Gruppe oder die Gesellschaft stehen im Vordergrund, sondern der einzelne Aufwachsende, auf den nun alle Bildungs- und Erziehungsforderungen zu beziehen seien. Diese erneute Wende zum Kinde hin geht von dem Axiom aus: »Leben ist der weisungsfreie Grundwert einer notwendigen Pädagogik der Befreiung.«[135]

Diese Neuorientierung der Pädagogik bedeutet jedoch nur eine vordergründige Wende, wird hier doch emanzipatorisches Gedankengut mit dem humanistischen Bildungsideal der Aufklärung verbunden. Der Erkenntnisradius bleibt gleichwohl begrenzt, weil die Sinnfrage nicht beantwortet wird und so die Werte einer vorläufigen Immanenz verpflichtet sind.

4. Psychologie

Die Psychologie, die nicht zufällig gleichzeitig mit dem Darwinismus zur Wissenschaft erhoben wurde, basiert auf einer Erkenntnistheorie des Evolutionismus, die den Menschen in geradezu mechanischer Weise als Spielball seiner Gefühle, Triebe und Leidenschaften auffaßt.[136] Sicher ist der Hinweis der Psychologie auf die Vielschichtigkeit der Persönlichkeit und ihrer Wahrnehmung auch für die Frage nach der Erkenntnismöglichkeit des Menschen von Bedeutung. In einer Fülle von in relativ kurzer Zeit entstandenen Theorien[137] haben die verschiedenen Zweige der Psychologie teilweise so überzeugend scheinende Analysen des Menschen und der Gesellschaft gegeben, daß sie aus dem Alltagsleben nicht mehr wegzudenken sind. Entscheidend für den Charakter dieser Lehren ist jedoch ihr Menschenbild, das ganz der Anthropologie der Aufklärung verpflichtet ist und demnach Gott als den Schöpfer, der allein dem Menschen Identität zu geben vermag, aus ihrem Bezugsrahmen verbannt hat. Mögen auch die einzelnen psychologischen Schulen mit ganz entgegengesetzten Theorien aufwarten, in diesem zentralen Axiom sind sie sich einig. Deshalb genügt hier allein der Hinweis auf die Psychoanalyse Sigmund Freuds (1856–1938), die die moderne Psychologie begründet hat. Indem sie die Tiefen der Seele aufdeckt, weil sie dem Menschen über die Bewußtwerdung der Defekte zum Heil verhelfen. Weil aber ihr Erkenntnisideal von der falschen Sicht des Menschen ausgeht, kann sie dies nicht leisten und beläßt vielmehr den Ratsuchenden in verstärkter Angst vor der eigenen Unzulänglichkeit und Schuld. Gerade wenn es um die Identität des Menschen geht, erweist sich somit ein falscher Erkenntnisansatz als besonders gefährlich. Sigmund Freuds Lehre »ist ein atheistisches und daher nihilistisches Konstrukt, das aufgrund einer verfehlten Anthropologie nicht Hilfe für den Menschen sein kann, sondern zur Vergewaltigung seiner Seele führt. Die Freudsche Psychoanalyse entpuppt sich damit als eine Ideologie, als Religionsersatz, der dem Christentum konträr gegenübersteht.«[138] Der vordergründige Erfolg der psychologischen Theorien liegt daher in ihrer Übereinstimmung mit dem neuzeitlichen Erkenntnisbegriff: Dem der Immanenz verhafteten Menschen werden immanente Hilfestellungen angeboten, die seine Realitätssicht nicht grundsätzlich in Frage stellen, sondern letztlich seinen Bezugsrahmen bestätigen.

5. Sozialforschung

Die Sozialforschung ist die empirische Arbeitsmethode der Sozialwissenschaften, die gesellschaftliche Zusammenhänge und soziale Gegebenheiten analysiert.[139] Gerade an diesem Zweig der Soziologie kann man die Auswirkungen eines verfehlten Erkenntnisbegriffes beobachten. Denn unter dem Einfluß von Neomarxismus und Emanzipationstheorie hat sich die Sozialforschung von einer empirischen Wissenschaft zu einem aufklärerischen Unternehmen gewandelt, das sich zu der Aufgabe berufen fühlt, die Menschen von dem falschen Bewußtsein zu befreien, das sie angeblich am richtigen Handeln hindert.[140] Durch den Grundsatz der totalen Publizität aller Tatsachen dringt sie in die Intimsphäre des Menschen ein und meint, ihm so die rechte gesellschaftliche Erkenntnis nahebringen zu können. »In diesem Sinn läuft die Sozialforschung ... objektiv auf die Sozialisierung des Menschen zum Sozialwesen durch die Abschaffung des für seine Individualität und Personalität konstitutiven Privatraums hinaus.«[141]

In geradezu hinterlistiger Weise verfremdet das Erkenntnisideal der Sozialforschung die Realität, indem sie sich nicht mit sozialen Beziehungen, sondern nur mit dem Menschen als Merkmals- und Funktionsträger befaßt und seine Identität somit zur Rolle reduziert. Dadurch kommt es zu einer Verfälschung der Realität: Aussagen von einzelnen werden zu Charakteristika von Männern, Frauen, Kindern, Lehrern und Schülern aufbereitet, aus denen dann die angebliche Wirklichkeit der Ehe, der Familie und der Schule konstruiert werden. So hat die Sozialforschung beispielsweise entscheidend dazu beigetragen, aus den Jugendfragen, die ja eigentlich Fragen der Beziehung zwischen Jugendlichen und anderen Gruppen sind, das Problem ›der Jugend‹ zu machen. Diese, so im öffentlichen Wissen zu einer Gruppe erklärt, begann sich erst jetzt so zu verstehen und löste sich aus bisherigen Beziehungen heraus.[142] Die hier deutlich werdende Umdeutung des Menschen in einen Merkmalsträger konstituiert heute das Gesellschaftsverständnis. Der führende Soziologe Friedrich H. Tenbruck (*1919) sieht in diesem Erkenntnisprinzip ein ideologisches Vorgehen, das auf die Abschaffung des Individuums zielt und warnt daher: »Die gesellschaftliche Wirklichkeit, überall von persönlichen Beziehungen direkt oder indirekt durchwirkt, ihrer nun aber entkleidet, wird auf einen sinnlosen Systemmechanismus oder blinden Gruppeninteressenkampf reduziert, an dem die eigene Lebensführung keinen Halt finden kann, weil der Mensch, wenn er sich bloß als Rollenträger, Gruppenvertreter oder Systemanhänger verstehen darf, aus den entsprechenden ›Tatsachen‹, wie die Sozialforschung sie vorstellt, keine Orientierung gewinnen kann.«[143]

In dieser Weise argumentiert die Sozialforschung wie vielfach die Soziologie überhaupt nach einem Zirkelschlußverfahren: Aus dem falschen Welt- und Menschenbild entwickelt sich eine ebenso verfehlte Erkenntnistheorie, die ihrerseits die Gesellschaft verändert, wodurch dann das zuvor gefaßte Menschenbild scheinbar bestätigt wird. So kann eine ideologisch bestimmte Erkenntnistheorie schließlich zu einer Gefahr für die Menschen werden.

III. Morphologie der neuzeitlichen Denksysteme

Die erkenntnistheoretischen Systeme von der Antike bis zur Gegenwart, die jeweils den paradigmatischen Rahmen für die einzelnen wissenschaftlichen Disziplinen abgeben, stellen in ihrer Abstraktheit höchste Anforderungen an das Erkenntnisvermögen dessen, der sich mit ihnen beschäftigt. Gerade ihre Kompliziertheit und ihre Fülle drängen dem distanzierten Betrachter den Verdacht auf, daß dort mit viel Methodik und vielen abstrakten Begriffsbildungen eine tiefe Unsicherheit des Denkens kaschiert werden soll. Sie wird deutlich in der folgenden Zusammenfassung der Axiomatik der neuzeitlichen Denksysteme, die sich aus der Analyse der Entwicklung des Erkenntnisbegriffes und seiner Auswirkungen ergeben. Als Zusammenfassung ist die Charakteristik und Kritik der dazu benutzten Begriffe bewußt kurz gehalten.

1. Subjektivismus

Seit der Aufklärung hat sich der Mensch zum Maß allen Seins und aller Dinge erhoben und so seine Subjektivität an die Stelle von Gottes Offenbarung gesetzt. Wenn aber Subjektivität sich selbst und ihr Denken als Wahrheit versteht, so impliziert das die Voraussetzungslosigkeit und Immanenz des Menschen. Daraus entwickelt sich eine Erkenntnistheorie, bei der in positivistischer Manier alles Erkennen von dem Subjekt maßgeblich bestimmt wird.[144] Die Erfassung der Wirklichkeit ist demnach von der Eigenart des Erkennenden ebenso geprägt wie von seinen apriorischen Bedingungen. Über Protagoras,

Descartes und Kant ist das Axiom des Subjektivismus in den neuzeitlichen Denksystemen verankert worden.[145] Ein solches Denken aber erfaßt die Welt und auch den Menschen nicht so, wie sie geschaffen sind, sondern verengt sie in die eigenen Denkkategorien. Nur das, was diese Kategorien erfassen und beschreiben können, gilt dann als Realität. Eine solche Erkenntnismethode kann nur vordergründig sein, zumal sie im ethischen Bereich zu einer in Hedonismus und Eudämonismus endenden Relativität der sittlich-moralischen Maßstäbe führt.[146]

2. *Krizitismus*

Seit Descartes ist das Prinzip der Kritik Grundlage des Denkens und Erkennens. Dieses Infragestellen von allem und jedem belegt die Selbstermächtigung der Vernunft, die sich selbst absolut setzt und daher auch nur sich selbst verantwortlich ist. Grundaxiom dieses Vernunftglaubens ist das Mit-sich-selbst-Beginnen, also die Voraussetzungslosigkeit.[147] Daher wurde all das, was zuvor als Offenbarung verstanden worden ist, nun auf diesseitige menschliche, psychologische, soziologische oder geschichtsphilosophische Größen reduziert. Aus diesem Schema ergab sich seit der Aufklärung der »Versuch einer Destruktion des überkommenen theologischen Lehrgebäudes und damit auch eine Zerstörung des christlichen Glaubens selbst, denn die Theologie ist ja nur die Auslegung dieses Glaubens, der für sich in Anspruch nahm, auf göttliche Offenbarung zurückzugehen. Die Aufklärung versuchte also, die Kategorie der Offenbarung als solche gegenstandslos erscheinen zu lassen.«[148] Damit wurden nicht nur metaphysische Fragestellungen ausgeschlossen, sondern zugleich die Geschichte als autoritative Traditionsinstanz abgelehnt. Der Erkenntnismethode des Kritizismus ist nur noch das vernünftig, was dem einzelnen Ich aufgrund der ihm innewohnenden Prinzipien als vernünftig erscheint. Diesem Denksystem liegt freilich ein Zirkelschluß zugrunde, denn wenn die Erkenntnis des Absoluten verworfen wird, weil es nicht erklärbar ist, muß das Denken ungewiß bleiben.[149]

3. Evolutionismus

Die Loslösung der Vernunft von der Gottesorientierung hat zu dem Glauben an die Planbarkeit des Fortschrittes geführt, der in der Evolutionshypothese seine methodische Begründung fand. Insbesondere Hegel hat dem durch sein Prinzip der Dialektik, kraft derer sich der ›Weltgeist‹ zum Idealen fortentwickele, Gestalt verliehen. Nach dieser Philosophie sind Natur, Geschichte und Denken Aspekte dieses sich allmählich zum Vollkommenen entwickelnden Geistes, dessen Entwicklung dialektisch fortschreitet. Dadurch ist bis heute der Wahrheitsbegriff verändert worden. Denn These und Antithese, also eigentlich Wahrheit und Lüge, werden bei Hegel zu Katalysatoren einer höheren Wahrheit, der Synthese. »Wahrheit ist nicht länger etwas Absolutes und Unveränderliches, sondern entwickelt sich evolutionär.«[150] Diese Erkenntnistheorie, die zu einer unentwirrbaren Vermischung von Wahrheit und Lüge führt, hat größten Erfolg gehabt. Sie zerstörte nicht nur den Rahmen der Naturwissenschaften, sondern bildet noch immer die philosophische Untermauerung des Evolutionismus, des dialektischen Materialismus und auch des modernistischen Christentums.[151]

4. *Immanentismus*

Die Selbstbeschränkung der Erkenntnismöglichkeiten der Vernunft auf Einsehbares, Verstehbares und Erklärbares führt, wie bereits erwähnt, zur Ausklammerung der Transzendenz und damit zur Ablehnung der Kategorie der Offenbarung. Erkenntnistheoretisch handelt es sich dabei um die Methode der Ausdifferenzierung, die in der Auseinandersetzung zwischen den konkurrierenden Ansprüchen staatlicher und kirchlicher Autorität seit der Säkularisierung entstand. Die Situation der Neuzeit ist geradezu davon geprägt, »daß sich die verschiedensten gesellschaftlichen Teilsysteme stärker ausdifferenzieren, ihre Autonomie entfalten und je nach dem Stand der gesellschaftlichen Entwicklung variabel sind.«[152] Die Ausblendung der Transzendenz führte sogar zur Eigengesetzlichkeit der Teilsysteme, also gleichsam zur Immanenz innerhalb der Immanenz, und charakterisiert so die moderne Situation. »Die Segmentierung der Gesellschaftsstruktur – und das bedeutet ja zugleich die Herauslösung des Staates und der Wirtschaft aus dem religiösen Kosmos – ist die Voraussetzung für die Entwicklung des modernen Kapitalismus, der Nationalstaaten, der Wissenschaft . . . kurzum, die Segmentierung der Sozialstruktur war die Voraussetzung für die Entwicklung moderner Industriegesellschaften.«[153] Gerade für den Erkenntnisbegriff der Wissenschaften hat dieses Verfahren größte Auswirkungen, konnten sie doch so ihre Normen intern begründen und sich vor Fremdansprüchen und Auseinandersetzungen mit anderen Bereichen wie etwa dem des Glaubens schützen. Von grundlegender Bedeutung ist deshalb, »daß zu den Voraussetzungen für die Durchsetzung der modernen Wissenschaften als unbestrittenes Paradigma des Umgangs mit der Wirklichkeit ihre Autonomisierung und Ausdifferenzierung nicht nur, aber auch gegenüber religiösen Vorgaben gehört.«[154] Seit ihrer Institutionalisierung im 17. Jahrhundert wird die moderne Wissenschaft daher »als wertneutral, objektiv, ›positiv‹ definiert. Die normativen, politischen, sozialen, religiösen Elemente, die von den vorausgegangenen wissenschaftlichen Bewegungen mit der Neuen Wissenschaft verbunden wurden, sind damit aus dem Begriff der Naturerkenntnis ausgeschieden. Diese Festlegung bedeutet zugleich die Ausrichtung der Verfahrensweisen und der Entwicklung der Wissenschaft nach den wissenschaftlichen Normen und Idealen.«[155] Eine Begleiterscheinung dieser Ausdifferenzierung ist der sogenannte methodische Atheismus der modernen Wissenschaft, der sie in ihrem nur intern verantworteten Fortschritt schließlich zur Ideologie und damit zu einem weitverbreiteten Religionsersatz werden ließ.[156]

5. *Pluralismus*

Die Vielfalt der Erkenntnistheorien zeigt die heute vorherrschende Vorläufigkeit, Unverbindlichkeit und Unsicherheit des Denkens. Dennoch wird dieser Pluralismus für wertvoll erachtet, weil dem modernen Freiheitsbegriff eine absolute Wahrheit als undenkbar erscheint. So hat jede Philosophie und Ideologie ihren je eigenen Wahrheitsbegriff, und als alleinige Norm wird postuliert, »daß keine der pluralen Kräfte, Gruppen, Organisationen und Ideen, daß auch keine bestimmte Philosophie oder Religion, daß auch nicht die Gesellschaft im ganzen oder der Staat für sich einen absoluten, alles andere übermächtigenden Geltungsanspruch erheben darf, damit die Pluralität gewahrt bleiben und dadurch ein freier Raum für autonome Lebens- und Handlungsweisen der Individuen und Gruppen offengehalten werden kann.«[157] In dieser Weise meint man, der Gefahr der Ideologisierung entgehen zu können, doch ist gerade das Gegenteil der Fall: Herbert Marcuse (1898–1979) hat daran erinnert, wie die friedliche Koexistenz einander widersprechender Werte und Wahrheiten in Totalitarismus umschlagen könne, weil eben durch sie ideologische Manipulatoren ihre Lehren leichter vermitteln können.[158] Vor allem aber werden durch diese Haltung auch die letzten sinnentscheidenden Fragen pluralistisch verfügbar und somit privatisiert, weshalb ein dem Pluralismus verpflichtetes Erkenntnisideal Orientierungslosigkeit ebenso wie Verführbarkeit fördert.[159]

6. Relativismus

Aus den schon genannten Kennzeichen ergibt sich eine grundsätzlich relative Einstellung, deren Axiom die Leugnung des Absoluten und das Offenbleiben der Wahrheitsfrage ist. Folgenreich ist dies vor allem für den Bereich der Ethik, die dadurch in die private Sphäre verwiesen wird und nicht mehr bindend auch für wissenschaftliche Arbeit sein muß.[160] Überdies läßt der erkenntnistheoretische Relativismus das Ringen um die Unbedingtheit und Absolutheit der biblischen Wahrheit als sinnlos erscheinen. Das wird etwa bei Ernst Troeltsch (1865–1923) deutlich, der in seinem Werk ›Die Absolutheit des Christentums‹ entgegen der Titelformel dem Relativismus folgt. Denn das Christentum ist »Höhepunkt aller bisherigen Religionen und... Boden und Voraussetzung jeder kräftigen und klaren Religiosität der Zukunft, zugleich ohne jede Wahrscheinlichkeit einer Überholung..., soweit unser historischer Gesichtskreis reicht«.[161] Mit dieser letzten Wendung wird die Offenbarung Gottes religionsphänomenologisch eingeschätzt und dem Denkrahmen des Menschen untergeordnet. Mit diesem Relativismus wird dem Christentum auch die Missionsaufgabe genommen, darf es doch wegen der Ungewißheit des Absoluten lediglich den Dialog der Religionen und Weltanschauungen geben.[162]

7. *Ideologisierung*

Aus den zuvor erwähnten Punkten wird die Gefahr der Ideologisierung offensichtlich.[163] Sie erwächst aus dem Verzicht auf allgemeingültige Wertmaßstäbe und der falschen Alternative zwischen Freiheit und Autorität. Das Autonomiepostulat der Aufklärung hat zum Autoritätsabbau und zu einer Freiheitsvorstellung geführt, dic menschliche Existenz als selbstverantwortlich und bedingungslos begriff. Das daraus entstehende Sinndefizit konnte zum Einfallstor der Ideologien werden, deren Freiheitsperversion Helmut Thielicke so schildert: Die Ideologien »sind Partisanen, die hinter die Front unseres Gewissens gedrungen sind und seine Entscheidungen leiten, ihm also die Selbstverantwortlichkeit abnehmen. Das Dämonische dieser Situation besteht darin, daß der den alten Tyranneien sich entwindende Mensch nicht bemerkt, wie er sich neuen Herrschaften unterworfen hat, daß er vielmehr in der Illusion lebt, er wolle, was er muß, und er sei das Subjekt dessen, was in Wahrheit die Götzen ihm suggeriert haben.«[164] Diese Gefährdung der Identität des Menschen ist oftmals in ganz praktisch-handfester Weise durch die Erkenntnisbegriffe der Philosophie hervorgerufen worden, man denke nur an die Einflüsse der Theorien Hegels und Nietzsches auf Marxismus und Nationalsozialismus oder vergegenwärtige sich die aus ethischer Orientierungslosigkeit entstandene Anfälligkeit mancher Wissenschaftsdisziplinen für die Wünsche der ideologischen Machthaber etwa im Dritten Reich oder in den Staaten des Ostblockes.[165] Ein falscher Erkenntnisansatz kann so zu einer Gefährdung des Menschen führen.[166]

8. Reduktionismus

Der Reduktionismus ist der eigentliche Ertrag der Entwicklungsgeschichte des neuzeitlichen Denkens. Die Ausblendung des Absoluten in der Erkenntnistheorie hat zu ihrer Unsicherheit und Vorläufigkeit geführt, weshalb den Ergebnissen des Denkens mit Skepsis zu begegnen ist und die paradigmatischen Voraussetzungen einer Kritik zu unterziehen sind. Das reduktionistische Denken steht in einer merkwürdigen Affinität zu den philosophischen Programmen des Dualismus und des Monismus. Es setzt ein mit dem Wiederaufleben des gnostischen Dualismus, der Gott und Welt trennt.[167] Die daraus resultierende Aufspaltung von Glauben und Denken ist der entscheidende Schwachpunkt des modernen Wissenschaftsbegriffes. Aus dieser dualistischen Vorstellung entwickelt sich nun, wie bereits Karl Heim (1874–1958) richtig erkannte, die Neigung des modernen Denkens zum Monismus.[168] Denn die Erkenntnistheorie ist nicht mehr bereit, die Weltwirklichkeit zu transzendieren und verliert dadurch den Standpunkt, von dem aus sie die Realität als ganze in den Blick bekommen könnte. Da sie sich diese Reduktion jedoch nicht selbst eingesteht, erklärt sie folgerichtig den Ausschnitt der Wirklichkeit, den sie sieht, für die ganze Wirklichkeit. Diese monistische Haltung, die besonders im Zeitalter der idealistischen Philosophie zu beobachten ist, führt das entsprechende Erkennen in ein Zirkelschlußverfahren und in ideologisches Segmentieren und Ausdifferenzieren.[169] In dieser Weise führen die unterschiedlichen Denkkonzepte der Neuzeit allesamt aufgrund ihres erkenntnistheoretischen Reduktionismus trotz aller Bemühungen in die Vordergründigkeit und verschließen so dem Menschen den Zugang zu wahrer Erkenntnis.

IV. Folgen der neuzeitlichen Denkkonzepte

Unsere Beobachtungen zur Wissenschafts- und Philosophiegeschichte haben die Unsicherheit und Vorläufigkeit des Erkennens und damit auch des Denkens in der Neuzeit deutlich werden lassen. Die vielfältigen Strukturkrisen unserer Gegenwart unterstreichen die Berechtigung dieser Einschätzung.[170] Die Ursache dieser Entwicklung liegt in der Selbstbeschränkung der Moderne auf das Denken in geschlossenen, immanenten Systemen. In der anmaßenden Meinung, alles erkennen zu können, hat man die jeweiligen Vorstellungen und Anschauungen zum Paradigma erhoben, das dann wiederum in einem Zirkelschluß diese Vorstellungen bewirkt und bestätigt. In vereinfacht schematisierter Form begegnen wir daher heute folgenden Sichtweisen des Denkens und Glaubens:

1. Die Vernunft wird dem Glauben übergeordnet, was in der Regel zur Autonomie der Vernunft und zum Verlust des Glaubens führt.[171]

2. Vernunft und Glaube werden so getrennt, daß sie zwei ganz unterschiedliche Bereiche bilden, zwischen denen keine Beziehungen bestehen.[172]

3. Der Glaube wird der Vernunft übergeordnet, was wegen einer grundsätzlichen Skepsis dem Denken gegenüber oftmals zur Verachtung der Vernunft und zu einem eher meditativ-intuitiv gesteuerten Handeln führt.[173]

Die hier deutlich werdende Trennung von Glauben und Denken hat im pietistischen Bereich mancherorts eine Vernachlässigung der Aufgabe der denkerischen Erschließung der Welt zugunsten der Erbauung nach sich gezogen. Die gleiche Ausdifferenzierung ist im Bereich der modernen Denksysteme zu beobachten, wo die Folgen noch schwerwiegender sind. Sie lassen sich skizzenhaft in drei Punkten zusammenfassen:

1. Wertelosigkeit: Das moderne Denken hat den Wahrheitsbegriff verflüssigt. Weil Wahrheit verfügbar geworden ist, mußte das Denken unsicher werden. Paul Feyer-

abend formuliert die Konsequenz treffend: »Wahrheit ist, was der Denkstil sagt, daß Wahrheit sei.«[174]

2. Gottlosigkeit: Die Emanzipation der Vernunft von der Gottesorientierung begründete die Unsicherheit des Erkennens. Der Mensch sucht sich daraus zu befreien, indem er sich selbst zum Gott erklärt. Der moderne Mensch ist der Demiurg, jener bereits bei Platon begegnende Weltenbaumeister, der seine Welt und seine Gesetze selbst schafft. Die Sinngebung des Sinnlosen ist die Humanisierung der Welt.[175]

3. Ratlosigkeit: Humanität ohne Gott schlägt um in Inhumanität, was gerade die Geschichte des 20. Jahrhunderts nachdrücklich belegt. Die immer wieder veränderten und verfeinerten Methoden der Erkenntnis haben ihre eigene Gültigkeit mehr und mehr aufgehoben, zumal sie vor den sogenannten letzten Fragen kapitulieren mußten. Die seinsmäßigen Begründungen des Woher, Wozu und Wohin aber sind lebensnotwendig, denn der Mensch ist nicht nur Funktionsträger. »Wertfreiheit wird dem Menschen zur Last, weil sie ihn in die Ratlosigkeit der Beliebigkeit stürzt.«[176]

Die Erkenntnisweise unserer Zeit, so wird deutlich, bringt nur relative Ergebnisse hervor und führt den Menschen so in die Orientierungslosigkeit. Das muß schon deshalb in schwerwiegende Probleme führen, weil die Art und Weise des Erkennens das Handeln bestimmt und damit auch die Sicht des Menschen sowie das Verhältnis zu ihm. Gerade im ethischen Bereich läßt sich das heute beobachten, gibt es doch dort die größten Krisen. Deshalb geht es, wie Horst W. Beck einmal formulierte, »um einen Kampf um das wahre Paradigma vom Menschen«.[177] Die Frage nach dem Maßstab von Glauben und Denken ist dabei von herausragender Bedeutung. Von den großen Systemen der Vernunftreligion scheint eine tragende Antwort nicht zu erwarten zu sein, es ist deshalb zu prüfen, ob das Christentum sie geben kann.

C) Zur Grundlegung einer biblischen Erkenntnistheorie

I. Änderung des Bezugsrahmens

1. Forderung

An dem Bemühen um wahre Erkenntnis hat es ja in den letzten Jahrhunderten nicht gefehlt, der Mißerfolg resultiert aus jeweils verfehlten Grundannahmen. Der Bezugsrahmen des Denkens stimmt nicht mit den Erkenntnismöglichkeiten des Menschen und deshalb auch nicht mit der Realität überein. Die Lösung der Krise ist aus der Sicht der Bibel relativ einfach: Der Bezugsrahmen der Realitätseinschätzung muß radikal, also von der Wurzel her, geändert werden, indem alles Erkennen auf Jesus Christus als den schöpfungsmächtigen Logos zentriert wird, in dem Gott ja allen Menschen das ›Geheimnis seines Willens‹ eröffnen möchte (vgl. Eph 1,9f.). Für jede Erkenntnis ist die Christusbeziehung der eigentliche Angelpunkt, auch in der wissenschaftlichen Arbeit. Daran muß sich demzufolge der Geistbegriff des Geisteswissenschaftlers, der Naturbegriff des Naturwissenschaftlers und das Menschenbild des Humanwissenschaftlers orientieren.[178] Im Vergleich mit den anspruchsvollen erkenntnistheoretischen Entwürfen der neuzeitlichen Philosophie und Wissenschaftstheorie klingt diese Forderung geradezu schlicht. In ihrer Klarheit kann sie freilich von jedem nachvollzogen werden und ist dabei dennoch überaus schwer. Denn es kommt bei dieser Änderung des Bezugsrahmens nicht zuerst auf das theoretische Fundament an, sondern auf die existentiale Realisation in vollziehendem Denken, schließt sie doch das heute übliche Segmentieren und Ausdifferenzieren gänzlich aus und führt die Bereiche des Denkens und des Glaubens in ganzheitlicher Weise wieder zusammen.

Eine solche Umorientierung ist mehr als ein Paradigmenwechsel, von dem ja seit der Studie von Thomas S. Kuhn so viel die Rede ist und in dem etwa Heinzpeter Hempelmann die Möglichkeit zu einer wissenschaftlichen Fundamentierung der Theologie aufgrund des Fehlens intersubjektiver Nachprüfbarkeit erblickt.[179] Er entdeckt weitreichende epistemologische Analogien zwischen dem Wesen des christlichen Glaubens und dem Paradigmabegriff und bemüht sich auf dieser Basis um die »Synthese von Wirklichkeitsbezug und Rationalität des christlichen Glaubens einerseits und Unverfügbarkeit der Wirklichkeit Gottes und des Glaubens andererseits«, weil der christliche Glaube »unter dem permanenten Gebot (lebe), sich in einem offenen Dialog der Falsifizierbarkeit zu stellen«.[180] Hempelmanns Forderung, die Theologie müsse »wieder zur Wissenschaft vom Ganzen werden und als solche eine theologisch und denkerisch verantwortete Deutung der Gesamtwirklichkeit vorlegen«[181], ist voll und ganz zuzustimmen. Es ist allerdings nicht einzusehen, warum dazu im Anschluß an Kuhn die Definition: »Der christliche Glaube in der Form der Reflexion seiner selbst als Theologie ist ein mit anderen konkurrierendes Paradigma« bemüht werden muß und der Übergang von einem zum anderen Paradigma als eine Art Bekehrung verstanden wird.[182] Denn damit entsteht doch die Gefahr, das Christentum ebenso wie die Theologie der Kuhnschen Relativierung des Realitätsanspruches wissenschaftlichen Denkens zu unterwerfen. Im Gegensatz dazu kommt es aber gerade darauf an, die Änderung des Bezugsrahmens als die bewußte Unterstellung unter einen absoluten Anspruch zu verstehen, die seinerseits nicht unter Rechtfertigungszwang steht. Gefordert ist die Analyse der Realität von Christus her, nicht aber die Legitimation dieses Denkens nach den wissenschaftstheoretischen Ansprüchen der Moderne.[183]

Überdies ist Christus mehr als ein Paradigma, er ist uns geworden »Weisheit von Gott und Gerechtigkeit und Heiligkeit und Erlösung« (1 Kor 1,30). Vor der Frage nach der Neuordnung der Wissenschaft steht deshalb die Notwendigkeit der ›Gefangennahme aller Gedanken und aller Wahrnehmungen unter den Gehorsam Christi‹ (2 Kor 10,5). Die Forderung nach Änderung des Bezugsrahmens entspricht also nicht allein einem Wechsel des Theorierahmenkonzeptes, eben des Paradigmas, sondern einer Neuwerdung in der Abhängigkeit von Christus. Dessen Wille aber wird offenbar in seinem Wort, das die Grundlage des neuen Bezugsrahmens bietet. Willem J. Ouweneel hat dies jüngst so umschrieben: »Die Bibel ist ein absolut maßgebendes und unfehlbares Buch für die Grundfragen der Natur- und Geschichtswissenschaft! Die Bibel liefert dem Menschen den notwendigen Denkrahmen, außerhalb dessen wirkliche Wissenschaft letztlich ein unmögliches Unternehmen wäre. Und neben diesem Denkrahmen liefert die Bibel uns auch noch einen genauen Bericht von Ereignissen, die zwar nicht ›wissenschaftlich‹ beschrieben sind . . ., aber sehr wohl enorme wissenschaftliche Konsequenzen haben, ausgehend von einer christlichen (bibeltreuen) Wissenschaftsphilosophie.«[184] Dieser Aufgabe gilt es sich zu stellen, damit, dem hebräischen Erkenntnisbegriff entsprechend, Glauben und Denken wieder zu einer organischen Einheit werden.[185]

2. *Einschränkung*

Die Forderung nach entschiedener Änderung des Bezugsrahmens darf den realistischen Blick für die Situation der bekennenden Christen in der Gesellschaft des ausgehenden 20. Jahrhunderts nicht verlieren. Denn nach einer treffenden Kennzeichnung von Georg Huntemann stehen sie vor dieser Lage: »Kein Zweifel besteht daran, daß das konstantinische Zeitalter, die Synthese zwischen Staat und Kirche, und daß das ›christliche Abendland‹, die Vereinigung von Kultur und Kirche, sehr rasch ihrer Auflösung entgegengehen. In der Zukunft wird die Kirche einer total heidnischen Welt gegenüberstehen.«[186] In dieser Welt gibt es zwar noch ein Echo auf die christliche Vergangenheit, das jedoch mehr und mehr verkümmert. Die Bibel selbst spricht von einer solchen Entwicklung zunehmender Irrwege und Bedrohungen, tröstet aber die ›kleine Schar‹ der Gläubigen (Lk 12,32) mit der Verheißung des göttlichen Beistandes. Der doppelte Ausgang der Geschichte in Gnade und Gericht gibt ihnen zwar die Klarheit, diese Welt ebenso wie ihre Wissenschaftsinstitutionen nicht verchristlichen zu können, legt ihnen andererseits aber um so entschiedener den Auftrag nahe, dem widergöttlichen Denken die biblische Alternative entgegenzustellen.[187] Daher ist es ein geradezu schuldhaftes Verhalten, wenn im denkerischen Bereich von Christen freiwillig und kampflos Positionen aufgegeben werden.

Die Kirchengeschichte gibt eine Fülle von Beispielen für mutige Aufbrüche, durch die Glaubenserkenntnisse zu Wegweisern in orientierungsloser Zeit wurden.[188] Biblisch begründete Erkenntnis führt zum Heil, jede anders fundierte Erkenntnis führt in die Irre, deshalb ist die Denkarbeit der bibeltreuen Christen in besonderem Maße gefragt.

II. Voraussetzungen biblischer Erkenntnistheorie

1. Die Stellung Gott gegenüber

Gott als der Allmächtige steht außerhalb der Erkenntnismöglichkeiten des Menschen, er wird offenbar allein in der Selbstauslegung des fleischgewordenen Logos, in dem Sohn: »Niemand hat Gott jemals gesehen; der eingeborene Sohn, der in des Vaters Schoß ist, der hat ihn kundgemacht« (Joh 1,18). Gott kann demnach nicht auf dem Wege anthropologischer Projektionen vom Menschen her erkannt werden; sein Wesen offenbart sich nur über seine Selbsterschließung in Jesus Christus. Diese Aseität Gottes schließt jede Frage nach seinem Woher und Wozu aus. Die »Grundlosigkeit Gottes steht jenseits jedes Kausalzusammenhanges der Weltwirklichkeit... Gottes Existenz (kennt) im Gegensatz zu der Weltexistenz keine Abhängigkeiten..., sondern (meint) das uneingeschränkte, wahrhafte Sein...«[189] Schon aus diesem knappen Hinweis auf die Absolutheit Gottes ergibt sich die grundsätzliche Begrenzung aller menschlichen Erkenntnis sowie ihre Abhängigkeit von Gottes Leitung. Die Beugung vor der Majestät Gottes wird daher aller Erkenntnis vorausgehen müssen, sie ist aber zugleich die Chance zu wahrer Erkenntnis, die Gott dem Glaubenden verheißen hat.

2. *Die Stellung zur Bibel*

Gott offenbart sich in seinem Wort, weshalb eine klare Stellung zur Bibel die zentrale Voraussetzung der biblischen Wissenschaftsphilosophie ist. Wenn hier Abstriche gemacht werden, gerät die entscheidende Grundlage des Denkens ins Wanken. Helge Stadelmann hat die nötige Position in einer beachtenswerten Publikation zum Schriftverständnis kürzlich so formuliert: »Die Bibel – und nur die Bibel – ist das inspirierte, autoritative, allein normative und völlig genugsame Offenbarungswort Gottes an uns heute. Nur sie ist die zuverlässige und maßgebliche Offenbarungsurkunde des heilsgeschichtlichen Redens und Handelns Gottes.«[190] In gleicher Weise zentral ist für die Frage des Erkennens die Chicago-Erklärung zur Irrtumslosigkeit der Bibel, aus der die Punkte vier und fünf der Kurzfassung zitiert seien: »4) Die Schrift, ganz und wörtlich von Gott gegeben, ist in allem, was sie lehrt, ohne Irrtum oder Fehler, und zwar sowohl im Blick auf ihre Aussagen über Gottes Handeln in der Schöpfung und in den Ereignissen der Weltgeschichte als auch (in ihren Aussagen) über ihre literarischen Ursprünge unter Gott, wie in ihrem Zeugnis von Gottes Heilshandeln im Leben von einzelnen. 5) Die Autorität der Schrift wird unweigerlich beeinträchtigt, wenn diese völlige göttliche Irrtumslosigkeit auf irgendeine Weise eingeschränkt, außer acht gelassen oder im Blick auf eine der Bibel entgegengesetzte Wahrheitsauffassung relativiert wird; und solche Fehlgriffe führen sowohl im Blick auf den einzelnen, als auch im Blick auf die Kirche zu ernstem Schaden.«[191]

Jede andere Position würde subjektiver Kritik Tür und Tor öffnen, zumal man sich dann über Christus erheben würde, der selber eine konsequent bibeltreue Schrifthaltung hatte.[192] Es kommt nicht von ungefähr, daß das Infragestellen der Bibel als dem geoffenbarten Gotteswort mit dem Einsetzen des aufklärerischen Denkens korrespondiert und daß damit die Erhebung des Menschen über Gott begann.[193] Dies hängt ursächlich zusammen mit dem Anspruch, alles erkennen zu wollen und dem allmählich entstehenden Glauben, auch tatsächlich alles erkennen zu können. Demgegenüber ist hervorzuheben, daß die Menschen dieser Welt die Bibel niemals vollkommen werden ergründen können, was freilich eine Anfrage an die Denkmöglichkeiten und den Erkenntnisradius des Menschen bedeutet und nicht etwa eine Anfrage an den Realitätsgehalt von Gottes Wort.

3. Die Stellung dem Menschen gegenüber

Entgegen dem Autonomiepostulat des modernen Denkens muß biblisch begründetes Erkennen hinsichtlich der Anthropologie von einer Relationenontologie ausgehen.[194] Die Identität des Menschen ist nur zu begreifen aufgrund seiner Stellung in einem geordneten, von Gott gehaltenen Beziehungsgeflecht. Entscheidend für alle Beziehungen ist die Relation zu Gott als dem Schöpfer. Erst die Bestimmung des Menschen zum Ebenbild Gottes macht seine Qualität und damit sein ganzes Sein aus. Jede andere Definiton wäre eine fahrlässige Reduktion, die unweigerlich eine verfehlte Anthropologie nach sich zöge. Würde man von einer so verkürzten Sicht des Menschen ausgehen, so bemerkt Helmut Thielicke treffend zum Dilemma heutiger Erkenntnis, »entdeckte man entweder nur physische und psychische Funktionen samt ihren Organträgern, bliebe also im Gegenständlich-Vorfindlichen stecken, oder man müßte zu metaphysischen Setzungen und Sinnkonstruktionen greifen.«[195] Grundlage allen Nachdenkens über den Menschen ist nach biblischer Perspektive die Relationenontologie, also die Konstitution der Realität durch das Erkennen bestimmender Beziehungen. Denn es gehört »zu den wesentlichen Einsichten biblischen Wirklichkeitsverständnisses, daß die Welt ... nicht in sich Bestand hat, sondern in sich zusammen- oder besser: auseinanderfallen würde, wenn Gott sie nicht gnädig hielte und bewahrte. Die Beziehung Gottes zu dieser unserer Schöpfung ist also die entscheidende Voraussetzung für ihr Bestehen und Weiterbestehen ... Das Heilsein des Menschen, modern gesprochen: seine Identität – wird also bestimmt durch die vertikale wie die horizontale Dimension des den Menschen als Menschen überhaupt erst konstituierenden Beziehungsgeflechtes.«[196] Eine solchermaßen zu entfaltende biblische Relationenontologie bestimmt dann ihrerseits die noetischen Möglichkeiten des Menschen und wird so zu einer entscheidenden Voraussetzung seiner Erkenntnis: »Nimmt man nun jene ausschließliche Definierbarkeit des Menschen durch Gott ernst, so gewinnt auch das in der menschlichen Autonomie gemeinte Selbst eine bestimmte Qualität: Der Mensch kommt dann zu sich ›selbst‹ nur, indem er zu Gott kommt. Abgesehen davon verfehlt er sein Selbst. Er gewinnt es höchstens in fragmentarischer Andeutung.«[197]

Eine biblisch begründete Wissenschaftsphilosophie, deren Grundlage das inspirierte Wort Gottes ist, geht von der Schöpfungswissenschaft aus, die in der Welt und ihren Ordnungen und Strukturen das Werk Gottes sieht.[198] Axiom ihres Denkens ist daher das Wort aus dem Hebräerbrief: »Durch den Glauben erkennen wir, daß die Welt durch Gottes Wort gemacht ist, so daß alles, was man sieht, aus nichts geworden ist« (11,3; Lutherübers.). Die Bibel als Offenbarungsurkunde ist daher die unfehlbare autoritative Richtschnur auch für die denkerische Erfassung des Schöpfungsbestandes und gibt somit den Deutungsrahmen für die naturwissenschaftliche Forschung. Diese Sicht der Welt läßt sich am besten konkretisieren mit Auszügen aus der Glaubensgrundlage der Studiengemeinschaft ›Wort und Wissen‹: »Der Schöpfungsbericht der Bibel ist eine Tatsachenbeschreibung über die Herkunft dieser Welt und allen Lebens. Alle Grundtypen der Lebewesen, einschließlich des Menschen, sind durch direkte Schöpfungsakte Gottes innerhalb der im 1. Buch Mose beschriebenen Schöpfungswoche geschaffen worden (2 Mo 10,11). Alle biologischen Änderungen, die seitdem aufgetreten sein mögen, haben nur zu Veränderungen innerhalb der ursprünglichen Arten geführt ... Ohne den biblischen Deutungsrahmen verfällt das wissenschaftliche Denken evolutionären oder anderen Ideologien mit allen damit verbundenen Konsequenzen; insbesondere trägt es in einer sowohl durch Wissenschaftsgläubigkeit als auch den Hang zum Mystisch-Irrationalen geprägten Zeit in starkem Maße zur Entfremdung des Menschen von Gott bei.«[199]

Die hier vorgetragenen Sichtweisen Gottes, der Bibel, des Menschen und der Welt bedingen einander entsprechend der ganzheitlichen Wirklichkeitsbeschreibung der Bibel. Sie gehören deshalb auch zusammen und dürfen nicht autonomisiert oder ausdifferenziert werden. Erst auf dieser Grundlage ist es möglich, die Perspektiven einer biblischen Erkenntnistheorie nachzuzeichnen.

III. Grundzüge biblischer Erkenntnistheorie

Das Axiom der Voraussetzungslosigkeit, demzufolge der Mensch auf evolutionär-dialektischem Wege ohne hinderndes Vorverständnis zur Erkenntnis der Wahrheit gelangen könne, wird selbst von der säkularen Wissenschaftstheorie inzwischen in Zweifel gezogen. Wenn auch aus unterschiedlichen Gründen, trifft sie sich in diesem Punkt doch mit der biblischen Erkenntnistheorie, für die die Abhängigkeit von apriorischem Verständnis beim Erkenntnisvorgang sich mit Gewißheit aus der Relationenontologie ergibt. Auf dieser Basis lassen sich die Grundzüge der biblischen Erkenntnistheorie entwerfen.

1. Die Sünde begrenzt Erkenntnis

Über das Denken der Ungläubigen bemerkt Paulus grundsätzlich: »Sie sind verfinstert in ihrer Erkenntnis, entfremdet dem Leben Gottes infolge der Unwissenheit, die in ihnen herrscht, infolge der Verstocktheit ihres Herzens« (Eph 4,18).[200] Erkenntnis, Wissen und Leben aus Gott werden hier unmittelbar verknüpft. Die Verfinsterung entsteht aus dem Ungehorsam Gott gegenüber, was wiederum in ein Verharren in der Sünde und somit in Verstocktheit führt. »Und wie sie es nicht für gut fanden, Gott in der Erkenntnis festzuhalten, hat Gott sie dahingegeben in einen verworfenen Sinn, zu tun, was sich nicht geziemt« (Röm 1,28). Paulus konkretisiert hier die Sünde der fehlenden Bewährung der Gotteserkenntnis, die als selbstverschuldete Konsequenz das Gericht Gottes und eben eine entscheidende Begrenzung der Erkenntnis nach sich zieht. Erkenntnis wird dann zum bloßen Denkakt und die vermeintliche Weisheit zur Narrheit: »Indem sie sich für Weise ausgeben, sind sie zu Narren geworden« (Röm 1,22).[201] Der in dieser Weise gefallene Mensch nimmt die Wirklichkeit nur reduziert und segmentiert wahr und verkennt die geistlichen Realitäten: »Ein natürlicher (seelischer) Mensch aber nimmt nicht an, was des Geistes Gottes ist, denn es ist ihm eine Torheit, und er kann es nicht erkennen, weil es geistlich beurteilt werden muß« (1 Kor 2,14). Entscheidend ist bei diesen Hinweisen des Paulus, daß wahre Erkenntnis durch die Sünde dem natürlichen Menschen nicht zugänglich ist, sie ist ihm sogar Torheit, also unvernünftige Gedankenlosigkeit.

Besonders eindringlich konkretisiert Paulus die Erkenntnisgrenzen des natürlichen, gefallenen Denkens und die Erkenntnismöglichkeiten des geistlichen, erlösten Menschen an dem Beispiel des Wortes vom Kreuz.[202] Paulus beschreibt die Gegensätze: »Denn das Wort vom Kreuz ist denen, die verlorengehen, Torheit; uns aber, die wir errettet werden, ist es Gottes Kraft« (1 Kor 1,18). Und weiter: Wir predigen »Christus als gekreuzigt, den Juden ein Ärgernis und den Nationen eine Torheit; den Berufenen selbst aber, Juden wie Griechen, Christus, Gottes Kraft und Gottes Weisheit« (1 Kor 1,23f.). Dieses Wort vom Kreuz läßt sich historisch, sprachlich und soziologisch analysieren: Den Korinthern war bekannt, wie eine Kreuzigung vollzogen wurde, sie konnten den konkreten Fall Jesu anhand von Zeugenaussagen historisch einschätzen; mit den Möglichkeiten ihres Verstandes vermochten sie durch philologische Analyse festzustellen, daß Paulus dem Geschehen eine ganz bestimmte Deutung gab; schließlich war leicht erkennbar, welche gesellschaftlichen Auswirkungen das Wort vom Kreuz vielerorts hatte. Mit der notwendigen Kenntnis läßt sich all dies intellektuell fassen, geht es aber um wahre Erkenntnis der Kreuzesbotschaft, dann ist das Wort skandalös. »Was geistlich tatsächlich am Kreuz von Golgatha geschah, bleibt dem sündigen Menschen mit seiner gefallenen Vernunft verborgen (vgl. 1 Kor 2,7–8). Er erkennt damit nur einen Ausschnitt der umfassenden Wirklichkeit und verkennt die geistlichen Realitäten.«[203] Wie in 1. Korinther 2,14 macht Paulus auch hier die Verstehenshemmnisse des natürlichen Menschen deutlich und unterstreicht, daß nur ein von der Sünde gereinigtes und so vom Heiligen Geist geleitetes Erkennen die Wahrheit des Wortes vom Kreuz zu erfassen vermag, die sonst trotz womöglich zutreffender historischer und philologischer Analyse verborgen bleibt.

Paulus geht es bei seiner Argumentation gewiß zuerst um die Erkenntnis Gottes in Jesus Christus, von ihr hängt aber die Gesamtorientierung des Denkens ab, weshalb die von ihm genannten Verstehenshemmnisse allgemeine Gültigkeit haben. Zusammenfassend kann man also feststellen, daß der ontische Zustand des Menschen in der Gottesferne seine noetischen Möglichkeiten nicht nur begrenzt, sondern geradezu zerstört.[204]

2. *Die Wiedergeburt eröffnet Erkenntnis*

Das Verhältnis des Menschen zur Wahrheit Gottes und damit auch sein Erkennen kann nur durch eine Veränderung seines Seins in Ordnung kommen. Die Verfinsterung der Existenz (Röm 1,21) muß ein Ende haben, denn dem »Sein in Unwahrheit ist die Erkenntnis der Wahrheit grundsätzlich verschlossen«.[205] Aus diesem durch die Sünde entstandenen Zirkel der Verstehenshemmnisse kann jedoch niemand aus eigener Kraft ausbrechen, benötigt er doch dazu Einsicht in die Erkenntnis Gottes. Diese aber ist nicht intellektuell erwerbbar, sondern nur über die Selbsterschließung Gottes im Wirken des Heiligen Geistes erfahrbar. Gott muß also die Kontinuität zu dem bisherigen Sein abbrechen und den Menschen in einem Akt der Neuschöpfung aus seiner Identitätslosigkeit und Wahrheitsvergessenheit herausrufen und ihn dadurch verwandeln, daß er ihm Anteil an sich selber, an seiner Selbsterkenntnis schenkt.[206] Paulus drückt diese Teilhaberschaft so aus: »Uns aber hat Gott es offenbart durch den Geist, denn der Geist erforscht alles, auch die Tiefen Gottes . . . So hat auch niemand erkannt, was in Gott ist, als nur der Geist Gottes« (1 Kor 2,10f.). Bei dieser für die Erkenntnismöglichkeit des Menschen so zentralen Zäsur geht es also nicht zuerst um eine Analogie des Verstehens durch das Wirken des Geistes, sondern um eine Analogie der Existenz, und gerade das macht das Wunder der Wiedergeburt aus. Diese Erkenntnis Gottes ist, wie besonders die Anwendung des

Wortes ›erkennen‹ (ginōskō) im Alten Testament verdeutlicht[207], an das offenbarende Handeln Gottes gebunden, so daß die Erkenntnis Gottes und die Erkenntnis seiner Taten geradezu in eins zusammenfallen. Daher geht es hierbei nie um ein Interesse an Gott aus intellektuellen Erwägungen, sondern um Einsicht in sein Handeln in Gericht und Gnade, also um den von Gott hergestellten personalen Bezug. Durch die Selbstoffenbarung Gottes in seinem Sohn Jesus Christus eröffnet sich somit jedem der Weg zur Erkenntnis Gottes und dann zur Erkenntnis der die Ordnung des Kosmos bestimmenden Relationen.[208]

Jesus Christus ist also der entscheidende Wendepunkt, wie auch Paulus deutlich macht, wenn er dazu aufruft, »zu allem Reichtum an Gewißheit des Verständnisses zur Erkenntnis des Geheimnisses Gottes« zu kommen, »das ist Christus, in dem alle Schätze der Weisheit und der Erkenntnis verborgen sind« (Kol 2,2f.). Der Mensch erhält also erst dadurch die Möglichkeit zu wahrer Erkenntnis, indem er sein Wesen, seine Identität, durch Offenbarung erfährt. Helmut Thielicke formuliert diesen entscheidenden Aspekt der Selbsterkenntnis so: »Da ich nun über Gott nur dadurch etwas erfahre, daß er sich in Jesus Christus selbst erschließt, kann ich auch von mir selbst nur etwas wissen, wenn ich mich auf diese Selbsterschließung Gottes beziehe und meine Menschlichkeit in der Menschheit Jesu Christi erkenne, wenn ich in ihm das ›Urbild‹ des Menschseins sehe und so an einer lebendigen Gestalt erblicke, wozu ich entworfen bin.«[209]

Es scheint notwendig, darauf hinzuweisen, daß der hier entwickelte Weg der Selbsterkenntnis das genaue Gegenteil dessen beschreibt, was heute üblich und, etwa in der

Psychologie, wissenschaftlich anerkannt ist.[210] Unter dem Einfluß einer verfehlten Anthropologie meint man, den Menschen in seiner Komplexität vollkommen erklären zu können. Das Wesen des Menschen kann aber nicht kausal von Naturgesetzen abgeleitet, sondern nur, nach einer hilfreichen Differenzierung Diltheys, verstanden werden.[211] Entgegen den modernen Ansichten kann der Mensch sich keinesfalls finden in der »unmittelbaren Introspektion, also in der Haltung des Hineingekrümmtseins in sich selbst (incurvatus in se ipsum). Daß dieser Weg der Nabelschau absurd und steril sei, ist nicht nur ein Erfahrungssatz. Vielmehr hängt diese Blockierung unseres Selbstverständnisses mit dem Sinngrund menschlichen Daseins zusammen.«[212] Denn der Mensch hat nicht die Aufgabe, sich selbst zu beobachten, sondern seine Identität durch Hingabe zu erlangen und so wahre Erkenntnis zu gewinnen. Durch das Neuwerden in Jesus Christus ist dieser Weg möglich.[213]

3. Der Glaube ermöglicht Erkenntnis

Mit der Betonung der Wiedergeburt für das Denken ist der entscheidende Unterschied zwischen der biblischen und der philosophischen Erkenntnistheorie erreicht. Dem neuzeitlichen, subjektivistischen Denken ist das eigene Ich der axiomatische Ausgangspunkt für alle anderen Gewißheiten; dem biblischen Denken ist die Gottesgewißheit zentral, denn sie bildet die Voraussetzung des Denkens.[214] Daher ist es erforderlich, die moderne Denkweise umzukehren und den Glauben der Erkenntnis vorzuordnen, da dieser erst wirkliche Erkenntnis ermöglicht und geradezu ›kategoriale Funktion‹ für sie hat.[215] Durch die Wiederherstellung der Existenz in der Gottesebenbildlichkeit, wenn auch unter dem Schatten der gefallenen Welt, wird nun gewissermaßen der im Menschen von der Schöpfung her angelegte göttliche Intellekt in seinen Erkenntnisorganen reaktiviert. Die Analogie zwischen dem Verstehenden und dem zu Verstehenden, von der schon Platon etwas ahnte, ist durch die Gottesebenbildlichkeit wiederhergestellt und der Weg eröffnet, damit Gott »Erkenntnis lehrt den Menschen«.[216]

Diese Veränderung hat Folgen:

Erstens wird die Erkenntnis ganzheitlich und einheitlich. Gott hat über alle Bereiche des Kosmos die Wahrheit offenbart, über die Menschen, die Geschichte, die Natur und die Welt, deshalb gerät nun das Ganze in den Blick. Damit ist der ausschnitthafte, reduktionistische Charakter säkularer Erkenntnis überwunden. Francis Schaeffer hat diesen wichtigen Aspekt so charakterisiert: »Wir sehen also, daß – vom biblischen Standpunkt her – das gesamte Erkenntnisfeld eine Einheit bildet. Gott hat uns in der Form sprachlicher Aussagen die Wahrheit über sich selbst und die Wahrheit über den Menschen, die Geschichte und die Welt mitgeteilt. Hier finden wir also eine angemessene Grundlage für ein einheitliches Erkenntnisfeld – eine Einheit, die sowohl den oberen als auch den unteren Bereich umfaßt. Hier finden wir die Lösung des Problems der Einheit von Natur und Gnade sowie der Frage des modernen Menschen und der Erkenntnis oberhalb und unterhalb der anthropologischen Linie. Eine einheitliche Erkenntnis ist deshalb möglich, weil Gott über alle Bereiche der Erkenntnis die Wahrheit gesagt hat.«[217] In diesem Rahmen versteht Schaeffer auch wissenschaftliche Forschung als das allmähliche Verstehen der Wahrheit, zu der Gott in der Bibel das Grundwissen gegeben hat.

Zweitens eröffnen sich so der Erkenntnis weite Horizonte, die etwa Paulus so andeutet: Gott »hat uns ja das Geheimnis seines Willens kundgetan nach seinem Wohlgefallen, das er sich vorgesetzt hat in sich selbst für die Verwaltung bei der Erfüllung der Zeiten: alles zusammenzufassen in dem Christus, das, was in den Himmeln, und das, was auf der Erde ist – in ihm«. Deshalb gab Gott »den Geist der Weisheit und Offenbarung zur Erkenntnis seiner selbst« (Eph 1,9.10.17). Ganzheit und Weite des Erkennens unter der Leitung des Heiligen Geistes ist nur über diese Selbsterschließung des Schöpfers in Jesus Christus möglich. Dies ist freilich nicht als Einschränkung zu verstehen, sondern als die einzigartige Einladung Gottes an den Menschen, ihm seine Geheimnisse offenzulegen. Mit der Konkretisierung »das, was in den Himmeln, und das, was auf der Erde ist« (V. 10) unterstreicht Paulus, daß es hierbei entgegen einer auch bei gläubigen Christen vorherrschenden Meinung keineswegs allein um theologische Erkenntnis geht. Im Gegenteil – wie kaum an einer anderen Stelle der Bibel werden hier alle Bereiche der Schöpfung in den Blick genommen, also auch alle Disziplinen der Natur-, Human- und Geisteswissenschaften. Diese Sätze des Paulus sind daher geradezu eine konstitutive Feststellung, daß wissenschaftliche Forschung nur dann zu wahrheitsgemäßen Aussagen kommen kann, wenn sie von der Grundlage der Bibel her arbeitet.[218]

Drittens bestimmt nunmehr die Erkenntnis das Handeln. Denn es geht ja nicht nur um das lediglich intellektuelle Erfassen einer Sache, sondern um eine tatsächliche Begegnung mit dem Erkannten, weshalb Paulus sogar die Erkenntnis Gottes als Gehorsam Christus gegenüber definiert (2 Kor 10,5).[219] Von dieser Perspektive her betrachtet kann wissenschaftliche Forschung in dem eben beschriebenen Sinn als Lobpreis der wunderbaren Schöpfung Gottes verstanden werden.

4. Geistgeleitete Erkenntnis vollzieht sich schrittweise

Auch wenn die Erkenntnismöglichkeiten des Glaubenden umfassender Natur sind, sind sie dennoch durch die Existenzweise in der gefallenen Welt der Notverordnungen begrenzt und bruchstückhaft. Die jetzt noch offenbleibenden Fragen werden, wie schon Paulus betonte, erst in der Herrlichkeit bei Gott beantwortet werden: »Denn wir sehen jetzt nur wie mittels eines Spiegels in rätselhafter Gestalt, dann aber von Angesicht zu Angesicht. Jetzt ist mein Erkennen Stückwerk, dann aber werde ich völlig erkennen, wie ich auch völlig erkannt worden bin« (1 Kor 13,12).[220] Dementsprechend verheißt Gott den Seinen, ihren Erkenntnisbereich um ein Vielfaches zu erweitern, wenn sie vom Glauben zum Schauen kommen. In dieser Weltzeit aber bleibt jede Erkenntnis ausschnitthaft reduziert, was Paulus mit dem Gegensatz von ›Stückwerk – völlig erkannt‹ deutlich unterstreicht. Gott hat die Werke seiner Schöpfung und in besonderem Maße den Menschen in vollkommener Weise erkannt, nichts ist ihm verborgen.[221] Dem Menschen aber ist dies jetzt noch nicht möglich, womit Paulus den entscheidenden Unterschied zwischen Schöpfer und Geschöpf qualifiziert hat. Diese Einschränkung gilt auch für die geistgeleitete Erkenntnis, in noch viel weiterem Ausmaß aber für all die säkularen Erkenntnistheorien, die ohne jeden Transzendenzbezug meinen auskommen zu können. Die Bibel spricht damit ein deutliches Urteil über einen Großteil der philosophischen und wissenschaftlichen Denkansätze, die die moderne Zeit bestimmen. Sie streben nach wahrer Erkenntnis, können sie aber dennoch nie erreichen, weil sie sich trotz ihrer Endlichkeit mit dem Schöpfer verwechseln.

Nach Werner Gitt läßt sich diese Situation veranschaulichen, indem man die Art des Erkennens mit ihrer Reichweite in Relation setzt und dem Wirklichkeitsbereich zuordnet.[222] Danach ist den fünf Sinnen des Menschen ein ganz bestimmter Wirklichkeitsbereich zugänglich, dem natürliche Grenzen gesetzt sind, die überdies noch von persönlicher Disposition beeinflußt werden (z. B. Bereich des vom Auge wahrgenommenen Lichtes). Der Verstand hat einen durch wissenschaftliche Forschung erweiterten Erkenntnishorizont, der jeweils durch die kulturelle Situation und paradigmatische Entscheidungen verändert werden kann (progressiv und regressiv). Eine noch größere Reichweite der Realitätserschließung hat der Glaube, der die Verstandesarbeit durch die Offenbarung Gottes in der Bibel präzisieren und erweitern kann. Ein größerer Wahrheitsgehalt durch Erkenntnis ist in dieser Welt nicht erreichbar. Erst in der Herrlichkeit bei Gott kann die Reichweite des Erkennens noch erweitert werden, nun aber nicht durch Forschungsarbeit, sondern im Schauen der Geheimnisse Gottes, die dem Glaubenden jetzt schon stückweise deutlich werden. Nach Gottes Wort ist demzufolge der Erkenntnisradius des Menschen dieser Zeit grundsätzlich begrenzt.

5. Erkennen ist Denken von Gott her

Grundlage einer biblischen Erkenntnistheorie ist also, so läßt sich zusammenfassen, die gehorsame Unterordnung des Denkens unter Jesus Christus. Salomo spricht von der ›Furcht des Herrn als dem Anfang der Erkenntnis‹ (Spr 1,7), Paulus konkretisiert das noch durch die Konfrontation von menschlichem und biblischem Erkennen: »Denn obwohl wir im Fleisch wandeln, kämpfen wir nicht nach dem Fleisch; denn die Waffen unseres Kampfes sind nicht fleischlich, sondern mächtig durch Gott zur Zerstörung von Festungen; so zerstören wir Vernünfteleien und jede Höhe, die sich gegen die Erkenntnis Gottes erhebt, und nehmen jeden Gedanken, jede Wahrnehmung gefangen unter den Gehorsam Christi...« (2 Kor 10,3–5). Beachtenswert ist in diesen Versen die Radikalität und Schärfe der Aussage des Paulus, deren Hintergrund seine genaue Kenntnis der jüdischen und der griechischen Philosophie bildet. Drei Akzente fallen auf: Erstens betont Paulus den Absolutheitsanspruch der Gehorsamsforderung Jesu Christi. Ausdrücklich spricht er von ›jedem Gedanken, jeder Wahrnehmung‹, keinesfalls also nur von dem theologischen Bereich. Damit macht der Apostel zum wiederholten Male die Verantwortung des Wissenschaftlers klar, sein gesamtes Denken und Forschen Gott zu unterstellen, da er sonst zwangsläufig zu falschen und irreleitenden Erkenntnissen gelangen muß. Darüber hinaus erschließt sich aus dieser Formulierung wieder die Notwendigkeit der Verbindung von Glauben und Denken.

Zweitens spricht Paulus mit einer gewissen Ironie von ›Vernünfteleien und jeder Höhe, die sich gegen die Erkenntnis Gottes erheben‹ (V. 5). Diese ›logismoi‹ lassen sich auch übersetzen mit ›Vernunftschlüsse‹, ›Gedanken‹, ›Anschauungen‹. Durch die Charakterisierung ›jede Höhe‹ bezieht Paulus hier das gesamte Denken ein, das Gott ausdifferenziert oder umdeutet. Er spricht damit ein klares Urteil auch über die gesamte neuzeitliche Erkenntnistheorie, die ja weitgehend dem hier gezeichneten Bild entspricht. Es mag manchem überheblich vorkommen, in welcher Weise Paulus gelehrte Gedankengebäude mit wenigen Worten zum Einsturz bringt, zumal diese Theorien schon wegen ihrer Kompliziertheit vielen Bewunderung abnötigen. Aber dieser Vorwurf trifft nicht, weil Paulus sich selbst intensiv mit ihnen auseinandergesetzt hat[223] und überdies seinen Angriff ja nicht zugunsten einer eigenen Theorie führt, wie dies im Wissenschaftsbetrieb üblicherweise der Fall ist, sondern zur Ehre Gottes, dessen Heilsangebot er bekannt machen möchte.

Drittens spricht Paulus von der ›Zerstörung von Festen‹ (V. 4) und deutet damit die dynamische Perspektive in der Auseinandersetzung des biblisch begründeten Denkens mit dem der Welt an. Dies bedeutet nichts anderes als eine Ablehnung pluralistisch-toleranter Denkformen und eine Aufforderung zur offensiven Nutzung des erneuerten Verstandes zur Ehre Gottes. Leitgedanke ist dabei nicht der Vergleich unterschiedlicher Ansätze und Modelle, sondern in der Tat die kämpferische Überwindung all jener Lehren, die Gott vergessen machen wollen. Dieser Kampf wird nicht von dem Gedanken der Rechthaberei bestimmt, geht es doch allein um die Erkenntnis des Heilshandeln Gottes. Deshalb erwächst den Kämpfenden die Kraft nicht aus sich selbst, vielmehr werden sie von Gott selbst zugerüstet.[224]

Erkenntnis ist also nur in der Akzeptierung der von Gott gesetzten Voraussetzungen möglich und geht von dem Gehorsam den Offenbarungen Gottes gegenüber aus.[225] Erkennen als Denken von Gott her führt so über die Teilhabe an der Selbsterschließung Gottes zur Welterkenntnis und zur Menschenerkenntnis. Das bedeutet nach den Worten von Lothar Coenen, »daß, indem dem Menschen durch die richtige Stellung vor Gott Orientierungspunkte und Verankerungen für die Tätigkeit seines Verstandes gegeben sind, sich ihm nun die Wirklichkeit, die er beobachtet, ... entzerrte«.[226] So wird unter der Leitung des Heiligen Geistes das Denken frei von menschlichen Verkrustungen und die Geheimnisse der Realität erschließen sich, bewahrt durch die Führung Gottes, wie Salomo betont: »Die Augen des Herrn behüten die Erkenntnis« (Spr 22,12).

IV. Leitziele wissenschaftlicher Forschung auf biblischer Basis

Wissenschaftliche Arbeit auf der Grundlage relationaler Erkenntnis im Gehorsam Gott gegenüber ist bibeltreue Wissenschaft. Sie entspricht dem Willen Gottes, der den gleichsam gesund gemachten Verstand gebrauchen möchte zum Lobe seiner Herrlichkeit.[227] Gerade deshalb soll sich der bibeltreue Wissenschaftler methodischen

Vorgehens befleißigen, um immer tiefer in die Werke von Gottes Schöpfung und die von ihm gesetzten Ordnungen einzudringen.[228] Wenn eine solche Wissenschaft nie Selbstzweck ist, sondern stets die Ehre Gottes im Blick hat, ergeben sich daraus auch die Perspektiven zu der Frage, warum überhaupt Wissenschaft getrieben werden soll. Die entscheidenden Leitziele sollen zumindest angedeutet werden.

1. Kulturauftrag

»Und Gott schuf den Menschen zu seinem Bild, zum Bilde Gottes schuf er ihn; und er schuf sie als Mann und Weib. Und Gott segnete sie und sprach zu ihnen: Seid fruchtbar und mehret euch und füllet die Erde und machet sie euch untertan und herrschet über die Fische im Meer und über die Vögel unter dem Himmel und über das Vieh und über alles Getier, das auf Erden kriecht« (1 Mo 1,27 und 28). Der von Gott in dieser Form ausgesprochene Kulturauftrag, der nach dem Sündenfall und dem Sintflutgeschehen eine Veränderung erfuhr[229], beinhaltet auch den Auftrag zur denkerischen Erschließung der geschaffenen Realität durch den Menschen. Der Rahmen der menschlichen Herrschaft wird durch Gottes Gebote abgesteckt, was in gleicher Weise auch für die wissenschaftliche Forschung gilt.[230]

2. Heilsorientierung

Bei der Wahrnehmung des Kulturauftrages durch denkerische Erschließung muß wissenschaftliche Forschung stets Gottes Ziel im Auge behalten, »welcher will, daß alle Menschen errettet werden und zur Erkenntnis der Wahrheit kommen« (1 Tim 2,4). Paulus denkt hier zwar zuerst an die Erkenntnis Christi, dürfte aber auch die Ordnung der Schöpfung mit im Blick haben. Jedenfalls steht die Erkenntnis von Gottes Heilswillen für den Menschen im Vordergrund. Diese Orientierung an dem Heil des Menschen muß auch für wissenschaftliche Forschung gelten, sie legt dem Wissenschaftler ein weitaus höheres Maß an Verantwortung auf als die heute üblichen Utilitäts- bzw. Nutzen-Kosten-Erwägungen. Denn ein solchermaßen am von der Bibel definierten Wohl des Menschen orientiertes Ethos verleiht Befreiung des Denkens von allen säkularen Vorgaben einerseits und lenkt den Erkenntnisdrang unter der Autorität Gottes andererseits in die richtigen Bahnen.[231] Die Legitimation des Wissenschaftlers ist also qualifiziert durch die Relationenontologie.

3. Überprüfbarkeit

Sicherlich muß sich wissenschaftliche Arbeit immer wieder an den Aussagen der Bibel messen lassen, damit sie sich nicht isoliert verselbständigt.[232] Sie hat sich in einem heilsgeschichtlichen Rahmen zu sehen, der ihr Perspektive, aber auch Begrenzung gibt. Dabei sind die Geschichtsmöglichkeiten des Menschen zu berücksichtigen, die ebenfalls nicht endlos sind und daher auf viel ernstere Weise die Utilitätsfrage provozieren. Das so praktisch gemeinte Wort des Paulus, »Alles ist erlaubt, aber nicht alles ist nützlich; alles ist erlaubt, aber nicht alles erbaut« (1 Kor 10,23), sollte auch eine Maxime wissenschaftlicher Arbeit sein. Dabei wird es auch für spezialisierte Forschungen unerläßlich sein, das Ganze der Schöpfungsrealität im Blick zu behalten und so der umfassenden Einheitlichkeit der biblischen Erkenntnislehre zu folgen. Von daher ergeben sich heute Bedenken gegen das auf Hugo Grotius (1583–1645) zurückgeführte Prinzip des ›methodischen Atheismus‹ im Sinne unvoreingenommener, offener Analyse, das auch Adolf Schlatter (1852–1938) »im Interesse der Erzeugung einer reinen, echten Beobachtung« für hilfreich erachtete.[233] Denn dieses zeitweilige Ausklammern der Gottes- und damit der Wahrheitsfrage aus dem wissenschaftlichen Denken impliziert doch die Möglichkeit voraussetzungslosen Denkens. Wäre sie erreichbar, dann könnte man sagen: »Der Wissenschaftler muß sich bescheiden und für die Zeit seines Erkenntnisprozesses, seiner Beschreibung der Wirklichkeit, die Wahrheits- und Gottesfrage zurückstellen« und, in perspektivischem Zugang, bei der Bearbeitung eines fachwissenschaftlichen Problems »auf die Frage nach dem Ganzen, nach der Wirklichkeit als solcher verzichten«, um dann in einer zweiten Phase das Ergebnis in eine Theorie zu integrieren, die Wahrheit über die Wirklichkeit beansprucht.[234] Nicht nur Vorverständnis und Begrenztheit des menschlichen Erkenntnisradius, sondern insbesondere die biblischen Vorgaben zur Wahrheitswahrnehmung fordern den umgekehrten Weg, der freilich in der säkularen Wissenschaft nicht viel Zustimmung finden wird. Um ihrer Überprüfbarkeit willen sollte daher eine biblische Wissenschaftsphilosophie ihre Axiomatik klar offenlegen und stets bekennen, daß ihr Ausgangspunkt die Existenz Gottes als des allmächtigen Schöpfers ist.

Vor diesem Hintergrund können Christen offensiv und eigenständig Forschung in allen Disziplinen leisten. Eine besonders wichtige Aufgabe ist dabei die Erarbeitung einer systematischen, biblisch begründeten Axiomatik der verschiedenen Wissensgebiete, bei der Theorie und Praxis in ständiger Verbindung bleiben müssen. Bei der Aufteilung der Fachbereiche empfiehlt sich einer Anregung von Horst W. Beck zufolge eine Systematik nach den Leitrastern ›typologisch-strukturelle‹ und ›historisch-geschichtliche‹ Dimension.[235] Der typologisch-strukturelle Bereich, der vor allem die naturwissenschaftlichen Disziplinen umfaßt, ist weltanschaulich relativ neutral, weil er nach der Beschreibung der materiell-körperlichen Welt und ihren Funktionsbedingungen fragt. Mag auch der Bezugsrahmen der Forschenden unterschiedlich sein, so muß dennoch die wissenschaftliche Arbeit in dieser Dimension nicht unmittelbar mit dem biblischen Zeugnis des Schöpfungshandelns Gottes in Konflikt geraten.

Ganz anders verhält es sich hingegen in der historisch-geschichtlichen Dimension, in der es im Rahmen geisteswissenschaftlicher Ansätze um den in der Zeit ablaufenden Zusammenhang aller Erscheinungen geht. Geschichte aber konstituiert sich in dem geoffenbarten Heilshandeln Gottes, das seine Qualität in der andauernden Spannung von Gericht und Gnade gewinnt. In diesem Forschungsbereich bleiben allein die quellenmäßig und wirklich empirisch gesicherten Daten und Fakten als Gerüstfaktoren neutral bestehen. Die Interpretation der historisch-geschichtlichen Dimension dagegen beinhaltet aufgrund der unterschiedlichen Paradigmen des herkömmlichen Wissenschaftsverständnisses und der sich als Schöpfungsforschung verstehenden biblischen Wissenschaftsphilosophie ein umfangreiches Konfliktpotential. Die daraus resultierende Auseinandersetzung ist von dem bibeltreuen Forscher nicht gesucht worden, sie wird ihm vielmehr von der der Immanenz verhafteten Wissenschaftstheorie aufgezwungen und muß darüber hinaus um der Wahrheit willen als Nothandeln in der gefallenen Welt akzeptiert werden. Für die Disziplinen der historisch-geschichtlichen Dimension ergibt sich daraus die Forderung nach einer vollkommenen Neuorientierung, deren Tragweite im folgenden für einige Bereiche zumindest angedeutet werden soll.

V. Zur Konkretisierung biblischer Erkenntnistheorie in wissenschaftlichen Disziplinen

1. Theologie

Der Angelpunkt der Theologie als Wissenschaft ist die Offenbarung Gottes in Jesus Christus, sie kann deshalb nie bloß intellektuell neutral oder gar autonom betrieben werden. Da die Bibel als das inspirierte Gotteswort das Heil in Christus vorstellt, ist Theologie zuerst Bibelwissenschaft, was auch für die Konkretisierung ihrer verschiedenen Fachbereiche gilt. Nach der biblischen Erkenntnistheorie ist Theologie nur in der Form der Rückbesinnung möglich und verlangt daher einen Forscher, der selbst betroffen, ja selbst durch das Wort Gottes wiedergeboren ist. Theologie ist ein Akt der Reflexion über den Grund des zuvor entstandenen Glaubens und deshalb der Verkündigung des Evangeliums immer nachgeordnet.[236] Auf einen Nenner gebracht kann man formulieren: Theologie ist ein Prozeß des Nachdenkens nach einem Prozeß des Umdenkens. »Gott ist der Herr der Theologie sowie auch deren Gegenstand. Daher kann ein Theologe nur sachlich, das heißt gegenstandsbezogen reden, wenn er auch mit Gott als in Jesus Handelndem rechnet. Sonst wird Theologie zur Religionswissenschaft oder Religionsphänomenologie... Theologie wird insofern immer nachvollziehendes Denken sein, das heißt Gottes Denken nachvollziehend entgegen menschlichen Ansprüchen und Autoritäten.«[237]

Die heute modernen philosophischen, mystischen, existentialen und befreienden Ansätze in der theologischen Wissenschaft offenbaren sich vielfach als untheologisches Denken, da sie nach dem Aufzeigen mancherlei erfaßbarer Gesetzmäßigkeiten oder nach der Interpretation der Welt aus menschlicher Sicht streben und dadurch offen werden für die Axiome anderer Wissenschaften.[238] Entgegen dieser Gefahr der Fremdbestimmung muß bibeltreue Theologie – etwas anderes verdient eigentlich diesen Namen nicht – immer auf ihr Proprium, auf Jesus Christus, konzentriert sein, denn eine pluralistisch orientierte oder von inhaltlicher Toleranz bestimmte Theologie ist aus der Sicht der Bibel unmöglich.

Auf dieser Grundlage ist Theologie als wissenschaftliche Disziplin zu betreiben. Die exegetischen Fächer konzentrieren sich auf die Entfaltung des göttlichen Heilsplans und die Zusammenhänge innerhalb der einzelnen Schriften der Bibel, ausgehend von ihrer ganzen Inspiration und Wahrheit; die historische Theologie mißt die Kirchengeschichte[239], die Theologiegeschichte und die Philosophie an ihrer Stellung zu Jesus Christus; die systematischen und die praktischen Fachbereiche führen die grundsätzliche und die praktische Auseinandersetzung mit den fragenden Menschen in der Konfrontation von Wahrheit und Lüge und betreiben die Verbreitung des Evangeliums.[240]

Allein eine solch bibeltreue Theologie, die im deutschen Universitätsbetrieb so kaum zu finden sein wird, vermag zu einer wirklichen Neuorientierung des Denkens zu verhelfen. Denn das Elend von Kirche und Theologie liegt nach der Analyse von Thielicke in der Umkehrung der Rangstufen von Theologie und Verkündigung, hat seine Ursache also darin, »daß wir weithin nicht mehr aus dem Vollzuge der Verkündigung nach ihrer Begründung zurückfragen, sondern daß wir umgekehrt und in pervertierter Weise von der theologischen Theorie aus vorausfragen nach der einsehbaren Möglichkeit der Verkündigung. Bei dieser angemaßten Prophetie übernimmt sich die Theologie.«[241]

Wenn aber diese Verdrehung überwunden wird, kann Theologie zum Gewissen der Universität werden und können die von ihr ausgebildeten Theologen wieder zu Hirten ihrer Gemeinden werden, nicht nur nach Erkenntnis suchend, sondern sich selbst immer wieder der Revision durch das Erkannte unterziehend.[242]

2. Geschichtswissenschaft

Nach den Prinzipien des methodischen Atheismus geht die neuzeitliche Geschichtsphilosophie von einem immanenten Welt- und Menschenbild aus, das durch Relativismus und Reduktionismus gekennzeichnet ist. Als Folge dieser Engführung fehlt eine absolute historische Perspektive, was wiederum zur Konsequenz hat, entweder Mythen zu konstruieren, um Geschichte erklären zu können, oder aber auf die Bestimmbarkeit der Geschichte durch den Menschen zu hoffen. Geschichte wird damit immer weltanschaulich determiniert und gerät in die Gefahr von Nihilismus oder diktatorischem Zugriff.[243] Eine Geschichtswissenschaft auf der Basis einer biblischen Erkenntnistheorie dagegen wird in der Hingabe des Gottessohnes zur Sühne für viele den Angelpunkt der Geschichte sehen und deshalb in der Geschichtssouveränität Gottes ihren Ausgangspunkt nehmen. Denn auch die Weltgeschichte ist nicht Gottes Plan entzogen, sondern wird von ihm zu ihrem heilsgeschichtlichen Ziel geführt.[244]

Eine solche Orientierung zieht eine Neubewertung des Tatsachenbegriffes nach sich, der unter dem Etikett ›historische Fakten‹ eine wichtige Rolle in der Geschichtswissenschaft spielt. Die moderne Wissenschaftstheorie hat ja gezeigt, daß es vollkommen absolute Tatsachenaussagen im Sinne objektiver Beschreibung reiner Beobachtung nicht gibt, sondern daß sie sich zusammen mit einer entsprechenden Theorie entwickeln.[245] Diese Einschränkung der Objektivität gilt besonders für die Geschichtswissenschaft, muß doch hier angesichts der Faktenfülle von dem Historiker ausgewählt werden. Indem er dies unter einem bestimmten erkenntnisleitenden Interesse und seinen allgemeinen hermeneutischen Bedingtheiten tut, schafft er mit seiner Darstellung im Grunde durch seine subjektive Auswahl aus der Materialfülle, die sich ihm unstrukturiert darbietet, eine historische ›Tatsache‹, letztlich also eine Theorie.[246] Den entscheidenden Schluß aus diesen wissenschaftstheoretischen Erkenntnissen im Blick auf eine biblisch fundierte Geschichtswissenschaft zieht Heinzpeter Hempelmann: »Wenn es aber keine reinen Fakten gibt, vielmehr auch die ›objektivste‹ Geschichtsschreibung Tatsachenerkenntnis nur auf Grund bestimmter wertender und deutender Auswahlprinzipien leisten kann, dann kann auch die heilsgeschichtliche Rede von der qualitativ besonderen Bedeutung Jesu nicht a priori als wissenschaftlich illegitim zurückgewiesen werden. Wenn geschichtliche Sinnzusammenhänge nicht einfach vorgegeben sind, sondern durch das Erkenntnisinteresse und den Erkenntniszugriff der Wissenschaftler erst geschaffen werden, dann kann es nicht a priori illegitim sein, von der Geschichte Jesu als dem alle Weltgeschichte bestimmenden Heilsdatum zu reden.«[247] Die Tatsachen erhalten erst durch den subjektiven Erkenntnisprozeß des Historikers geschichtsrelevante Bedeutung. Diese Zusammengehörigkeit von Faktum und Bedeutung ist für das Verständnis der Geschichte als Heilsgeschichte fruchtbar zu machen.

Dementsprechend wird der gläubige Historiker die neuzeitliche Pervertierung aufheben, die aus dem Herrn der Geschichte eine Gestalt der Geschichte gemacht hat und von einem zyklischen Verständnis zu einer geradlinigen und zentrierten Geschichtsauffassung kommen, in der das Kreuz von Golgatha der Ausgangspunkt und die Wiederkunft Jesu der Zielpunkt der Historie ist. Auch in der Profangeschichte sind deshalb die heilsgeschichtlichen Perioden von der Schöpfung bis zum Eschaton von Bedeutung.[248] Ebenso zu berücksichtigen sind die von

Erich Lubahn herausgestellten fünf heilsgeschichtlichen Linien der Bibel, nämlich die adamitische Linie, die den Menschen in der Entfremdung von Gott zeigt; die Jesus-Linie, die das Heilshandeln Gottes offenbart; die israelitische Linie, die auf die besondere Geschichte von Gottes Volk verweist; die Gemeinde-Linie, die in besonderer Weise auf Gottes Handeln in der Geschichte durch die Christen hinführt; und schließlich die eschatologische Linie, die an die Vollendungshoffnung ebenso wie an das Gericht als den historischen Endpunkt erinnert.[249] Grundlage des biblischen Geschichtsverständnisses ist demnach eine Linie, »die mit der Schöpfung anfängt, in deren Mitte sich der Erlösungsakt Gottes in Jesus Christus befindet und die im heilenden Gericht endet«.[250]

Von diesen heilsgeschichtlichen Grundlagen aus wird eine Geschichtsschreibung auf biblischer Basis zu ganz neuen Tatsachenaussagen kommen. So wird, um nur ein exemplarisches Beispiel zu nennen, die Vor- und Frühgeschichte gänzlich neu zu schreiben sein, basiert sie doch bislang vollkommen auf der Vorstellung des andauernden evolutionären Fortschrittes der menschlichen Kultur.[251] Die sogenannten unterentwickelten Kulturen, die nach dieser allgemein anerkannten Theorie frühe Phasen in dem Evolutionsprozeß darstellen, sind aus der Sicht der Bibel Belege einer Devolution, nämlich der Entartung und Verwilderung von Völkern aufgrund ihrer Sünde und Abkehr von Gott. »Die Sünde ist die Ursache dafür, daß wir in der Menschheit sogenannte ›primitive‹ Kulturen antreffen ... Sie haben das Wissen um den Schöpfer und Richter (das nach der Sintflut bei allen Völkern vorhanden war) vernachlässigt, sind dadurch dem Götzendienst verfallen und leben nun unter primitiven Umständen an den gleichen Orten, wo ihre Vorfahren oft hohe Kulturen aufgebaut hatten.«[252] Wird auch noch das relativ kurze Erdalter berücksichtigt, so ergibt sich die Notwendigkeit der Neuinterpretation der archäologischen Quellen ebenso wie der schriftlichen Überlieferung.[253] Hier wartet eine Forschungsaufgabe von immensem Umfang auf gläubige Wissenschaftler, deren Hauptziel es sein wird, durch das in einer solchen Geschichtsschreibung deutlich werdende Handeln Gottes in Gericht und Gnade dem Menschen der Gegenwart den Heilswillen Gottes vorzustellen.

In dieser Sicht ist Geschichte »der von Gott verfügte, im Gespräch mit dem Menschen sich vollziehende Weltprozeß, dessen Anfang, Mitte und Ende in seinem planvollen Wirken gründet«.[254]

3. Pädagogik

Die Leitvorstellungen pädagogischen Handelns ergeben sich aus der jeweils zugrunde gelegten Anthropologie. In der modernen Pädagogik herrscht weitgehende Einheit darüber, daß der Mensch von Natur aus gut sei, weitgehend undeterminiert auf die Welt komme und aufgrund seiner Vernunft zu einsichtigem, wertvollem Handeln erzogen werden könne. Aus diesen Paradigmen haben sich verschiedene pädagogische Theorien entwickelt, die zwar diese gemeinsamen Grundlagen haben, ansonsten jedoch pragmatisch, humanistisch oder ideologisch orientiert sind. Neben der emanzipatorischen Konfliktpädagogik finden sich in jüngster Zeit wieder Bildungskonzepte, die einen Mindestkonsens an Normen unter dem Globalziel ›Humanität‹ vermitteln wollen. Ziel einer solchen Pädagogik ist die ethische und soziale Selbstbestimmung des jungen Menschen, der über den Weg der sittlichen Vervollkommnung zur Identitätsfindung und Eigenverantwortung gelangen soll, wobei diese Leitvorstellungen hier eine andere Interpretation erfahren als in der Emanzipationspädagogik.[255]

An dieser erneuten Betonung der Individualität des Menschen gegenüber kollektivistischen Vorstellungen könnte eine der biblischen Erkenntnistheorie verpflichtete Pädagogik anknüpfen. Denn erst durch die Festigung der personalen Identität in der Gottesbegegnung ergibt sich die Fähigkeit zu kommunikativem Handeln. Das entscheidende Andere einer solchen Pädagogik ist ihre Begründung in der biblischen Anthropologie. Die Würde des Menschen liegt in seiner Gottesebenbildlichkeit und sein Wert hängt nicht von seiner Leistungsfähigkeit im Arbeitsprozeß, seiner Selbstverwirklichung im Alltagsleben oder gar von dem Urteil anderer Menschen ab, sondern allein von dem Faktum der ihm zugewandten Liebe Gottes. Die erste und vornehmste Aufgabe einer biblisch begründeten Pädagogik wäre daher eine entsprechende Identitätsförderung des Kindes. Gemäß der Relationenontologie müßte die Erziehung, ausgehend von der Ganzheitlichkeit des Menschen, auf die Selbstannahme des Kindes als Geschöpf Gottes ausgerichtet sein, denn nur so kann der Weg zum wahren Menschsein sinnvoll gewiesen werden. Aus dieser Grundlage ergeben sich bestimmte Leitlinien christlicher Erziehung[256], wie etwa die Erziehung zur Wahrhaftigkeit als Voraussetzung wirklicher Persönlichkeitsbildung, zur Vertrauensfähigkeit, zu Ausdauer und Verzichtsbereitschaft als

Voraussetzung der Willenskraft, zu Geduld und Duldsamkeit als Möglichkeit einer positiven Lebensgestaltung sowie zu Kreativität und Leistungsfähigkeit als Voraussetzung für gesellschaftliche Mitverantwortung. Diese Leitlinien müssen getragen werden von der ständigen Orientierung an der Wahrheit, die die Bibel offenbart, kann doch nur auf diese Weise der einzelne zu Verantwortlichkeit und Mündigkeit in allen Bereichen des Lebens geführt werden.

Auf dieser Basis ist im Bewußtsein der Zusammengehörigkeit von Bildung und Glaube pädagogische Forschung zu betreiben, die nicht nur Curricula, Lehrpläne und Schulbücher auf biblischer Basis erarbeiten müßte, sondern nach den Axiomen der relationalen Erkenntnistheorie die Theorien zur frühkindlichen Entwicklung ebenso überprüfen müßte wie die zur Zeit gängigen didaktischen und methodischen Entwürfe. Auch die wissenschaftliche Arbeit in dieser Disziplin orientiert sich an dem Heilswillen Gottes für jeden Menschen. Da es hier um die Verantwortung den Kindern gegenüber geht, ist die entsprechende Forschung besonders dringlich.[257]

4. Anthropologie

Die auf den Arbeiten von Freud aufbauende Psychologie geht, sieht man einmal von gewissen Neuansätzen ab[258], von einer Überbewertung der Triebenergie und einer Fixierung auf zurückliegende Konflikte aus und baut demnach auf einem verfehlten Menschenbild auf, das sich als nihilistisch und psychomechanistisch umschreiben läßt. Vor allem aber werden in dem Bemühen, dem Menschen zu seiner Identität zu verhelfen, die Fragen nach der Wahrheit und dem Sinn des Daseins ausgeklammert. Deutlich macht dies der entlarvende Satz Freuds: »Im Moment, da man nach Sinn und Wert des Lebens fragt, ist man krank.«[259] Überspitzt formuliert kann man sagen, daß die Psychologie heute vielfach destruktiv wirkt, weil sie »sich in der Regel mit der Legitimierung unzähliger Tabubrüche und einer von keinem Sinn mehr gesteuerten Freiheit« begnügt.[260]

Der Begriff ›Psychologie‹ geht auf das griechische Wort ›psyche‹ zurück und wird seit dem 19. Jahrhundert fachsprachlich benutzt. Man definiert damit die »Wissenschaft von den bewußten und unbewußten seelischen Vorgängen, vom Erleben und Verhalten des Menschen«.[261] Die Bibel kennt die mit diesem Fachbegriff gekennzeichnete Reduktion menschlichen Handelns auf seelische Vorgänge nicht; wenn sie von ›Seele‹ spricht, hat sie den Menschen als Ganzheit im Blick.[262] Da neben diesen sprachlichen Erwägungen die Psychologie seit ihrer Begründung dem biblischen Denken diametral entgegengesetzt ist, sollte ein auf biblischer Erkenntnis basierender Ansatz besser mit dem umfassenderen Begriff ›Anthropologie‹ bezeichnet werden.

Eine solche Anthropologie wird zuerst nach der Relationenontologie die Situation des Menschen in der Entfremdung von Gott, von sich selbst, von seinen Mitmenschen und von der Natur infolge der Sünde analysieren.[263] Die Bestimmung der zweifelsohne vorhandenen Konflikte geht also von dem Menschenbild der Bibel aus und kommt daher zu ganz anderen Lösungsvorschlägen. Eine so verstandene Anthropologie ist in erster Linie Seelsorge, zielt sie doch auf die Heilung des Menschen im Sinne der Bibel. Auf dieser Basis ist dann Grundlagenforschung zu betreiben, die mehr leisten müßte als jene so beliebte Vermischung psychologischer Theorien und biblischer Wahrheit.[264] Erforderlich wäre etwa ein Katalog der sich aus dem Problem der Entfremdung ergebenden individuellen und kollektiven Defizite sowie ihrer Auswirkungen in den jeweiligen Bereichen. Es wäre dann zu prüfen, ob solche Konflikte auch in der Bibel mitgeteilt werden, um dann Hilfskonzepte erarbeiten zu können. Sie müssen den Problemen wirklich auf den Grund gehen und bei ihren Vorschlägen stets den Menschen als ganzheitliches Individuum sehen. Gerade angesichts der Orientierungslosigkeit der heutigen Zeit ist ein tragfähiges Alternativangebot von größter Dringlichkeit.[265]

5. *Sozialforschung*

Vor allem durch Umfrageanalysen ist es der modernen Sozialforschung gelungen, sich eine eigene Wirklichkeit zu konstruieren, die keiner Kontrollfunktion unterliegt, weil diese Realität angeblich empirisch abgesichert sei. Mit der Willkür der Empirie manipuliert die Sozialforschung daher die Wahrheit und gibt vor, stets recht zu behalten. Trotz dieser Konstruktion ist ihr Einfluß auf die Gesellschaft nicht zu unterschätzen. Deshalb spricht ein Kritiker von der verhängnisvollen Mißweisung, »mit der die Sozialforschung sich selbst in Arbeit und Brot wie uns in Verwirrung setzt: daß sie fortlaufend nach den ›gesellschaftlichen‹ Ursachen derjenigen Probleme sucht, die sie eben dadurch teils erst in die Welt gebracht hat, teils am Leben erhält.«[266] Damit ist das entscheidende Axiom dieses Zweiges der Soziologie angesprochen: die Sozialforschung geht allein von Problemen der Gesellschaft aus, sie definiert den Menschen als Rollen- und Funktionsträger im gesellschaftlichen Gefüge und mißt ihm von daher seinen Wert bei.

Eine Sozialforschung auf der Basis biblischer Erkenntnistheorie müßte demgegenüber zuerst das Verhältnis von Individuum und Gruppe bestimmen. Anhand biblischer Leitlinien wäre das Heil des einzelnen als Letztwert der Gesellschaft und dem Staatswesen als vorletzten Werten vorzuordnen. Der Charakter einer Gesellschaft resultiert demnach aus ihrer Einschätzung und Achtung der individuellen Persönlichkeit.[267] Auf der Grundlage der biblischen Anthropologie und ihrer Bestimmung von Gesellschaft und Staat im Rahmen der nachnoachitischen Notverordnungen Gottes wären entsprechende Perspektiven einer neuen Soziologie zu erarbeiten. Aufzuheben wäre die gleichsam personalisierte Vorstellung von ›der‹ Gesellschaft, der gegenüber der Mensch als Objekt gesehen wird, das, bar aller Eigenverantwortung, in die strukturellen Bedingungen eines automatisch ablaufenden Prozesses angebunden ist. Hervorzuheben wäre vielmehr die Hervorbringung der gesellschaftlichen Umwelt aus der ethischen Verantwortung des einzelnen oder aus seinem dementsprechenden Versagen.[268] Denn nicht gesellschaftliche Prozesse bilden den Schlüssel zur Erkenntnis historischer Abläufe, so das soziologische Dogma, sondern das Verhalten des die Gesellschaft formenden Menschen. Lösungen in den strukturellen Krisen der Gegenwart müssen deshalb wiederum bei dem Menschen- und Weltbild des einzelnen ansetzen.[269]

Eine auf biblischer Anthropologie basierende Sozialforschung könnte auf diese Weise einen hilfreichen Dienst zur Erklärung und Überwindung gesellschaftlicher Probleme leisten.

D) Praktische Konsequenzen

Nach Abschluß der vielfach theoretischen Überlegungen zur Begründung einer biblischen Erkenntnistheorie als Grundlage einer biblischen Wissenschaftsphilosophie stellt sich natürlich die Frage nach den konkreten Folgerungen. Ich möchte sie in einem persönlichen Schlußwort andeuten.

Das Ziel der hier vorgelegten Untersuchungen kann ja nicht die Errichtung eines neuen, nunmehr biblisch untermauerten Elfenbeinturmes der Wissenschaft sein, in dem sich, abseits der Praxis, trefflich forschen läßt. Nein, dieser Neuansatz muß praktisch fruchtbar gemacht werden, geht es doch um die Hilfe für Menschen in bedrängter Zeit. Wenn die Kernthese stimmt, daß Erkenntnis ohne Gott in die Irre, Erkenntnis als Denken von Gott her aber zum Heil führt, dann wäre es ein schuldverhaftes Versäumnis, wenn wir die Alternative einer biblischen Wissenschaftsphilosophie nicht aufbauen und erarbeiten würden. Ich möchte es geradezu als eine Form missionarischen Handelns bezeichnen, eine solche wissenschaftliche Arbeit auf der Basis der biblisch-relationalen Erkenntnistheorie zu betreiben. Dazu ist viel Pionierarbeit und viel Forscherfleiß vonnöten, denn ohne Kenntnis gibt es keine Erkenntnis.

Grundlegend sind dabei zwei Einsichten: Erstens gehören Glauben und Denken zusammen. Ihr Auseinandertreten bis hin zur Gegensätzlichkeit und Unverträglichkeit im Laufe der abendländischen Philosophie- und Wissenschaftsgeschichte ist die eigentliche Ursache für die Fehlentwicklungen der entsprechenden Denksysteme. Zwar hat das Wissen seit der Aufklärung explosionsartig zugenommen, zugleich wurde es jedoch atomisiert und verlor dadurch den Blick für die ganze Wirklichkeit. Eine dem Glauben verpflichtete denkerische Erschließung der Schöpfung bietet den einzigen Ausweg aus der heute bedrückend deutlich werdenden Krise.

Zweitens kann das Denken und Erkennen nur dann zu wahren Aussagen kommen, wenn es von der Bibel als dem geoffenbarten Wort Gottes ausgeht. Sie enthält den notwendigen Denkrahmen, weshalb Gottes Wort der Maßstab für Glauben und Denken sein muß. Bei der entsprechenden wissenschaftlichen Arbeit geht es um verantwortliche Erkenntnis, jedoch nicht darum, die Bibel beweisen zu wollen.[270] Gottesbeweise sind nicht die Aufgabe des gläubigen Wissenschaftlers; wohl aber die Verherrlichung der Größe Gottes in seiner Forschungsarbeit.

Dies führt nun zu praktischen Konsequenzen:

1. Wir brauchen gläubige, bibeltreue Wissenschaftler in allen Disziplinen, die auch um den Preis ihrer Karriere an einer staatlichen Hochschule bereit sind, entsprechende Forschungsarbeit zu leisten. Sie müssen freilich wissen, daß sie mit einer solchen Orientierung in den meisten Fächern kaum einen Lehrstuhl in der Bundesrepublik Deutschland bekommen werden.

2. Wir müssen die Einsicht in die Notwendigkeit einer

biblischen Wissenschaftsphilosophie in den gläubigen Kreisen wecken, damit diese Arbeit im Austausch mit den Laien geschehen kann und durch Gebet getragen wird. Hier ist noch viel Aufklärungsarbeit vonnöten, halten doch noch immer zahlreiche Evangelikale den Kreationismus für nebensächlich und begegnen überdies der Verstandesarbeit mit Skepsis.

3. Wir brauchen Möglichkeiten der Diskussion und Publikation, also eigene Tagungen, Publikationsorgane, Zeitschriften und ähnliches. Auf diesem Gebiet ist schon einiges geschehen.[271] Zu den erforderlichen Voraussetzungen gehören auch finanzielle Mittel, denn es geht nicht an, daß solche verantwortlichen Tätigkeiten stets nebenher und ehrenamtlich geleistet werden. Mit zunehmender Einsicht in die Notwendigkeit einer bibeltreuen wissenschaftlichen Arbeit müßte in den Kreisen der Gläubigen die Opferbereitschaft steigen, um entsprechende Projekte durchführen zu können.

4. Vor allem aber benötigen wir eine freie, bibeltreue Universität, in der alle Disziplinen der Wissenschaft vertreten sind. Es wäre Zeitvergeudung, wollte man auf die Reform der staatlichen Hochschulen warten, und deshalb ist mit Glaubensmut und Zuversicht eine solche Gründung in Angriff zu nehmen. Daß dies möglich ist, haben nicht nur verschiedene weltliche Gruppierungen deutlich gemacht, auch die immer zahlreicher werdenden evangelischen Bekenntnisschulen sollten hier ermutigendes Beispiel sein ebenso wie die schon bestehenden freien theologischen Akademien.[272] Für solche Initiativen müssen nationale Interessen hintangestellt werden, vielmehr ist an eine bibeltreue freie europäische Uni-

versität zu denken, die besonders im Ausland vorhandene Hochschulen solcher Prägung[273] miteinbezieht und unter Umständen dezentral strukturiert werden könnte. Jedenfalls genügt es nicht, lamentierend die problematische Situation an den staatlichen Universitäten anzuprangern, wenn man die Notwendigkeit eines anderen Kurses erkannt hat. Im Vertrauen auf Gottes Hilfe sollte dann auch mutig ein Neuanfang gewagt werden.

Wir stehen also zur Zeit vor einer Doppelaufgabe: einerseits gilt es, ein bibeltreues Wissenschaftssystem aufzubauen, andererseits kommt es darauf an, auf hochschulpolitischem Felde die Gründung einer alle Fakultäten umfassenden bibeltreuen Universität anzustreben.[274] Das Siegel einer solchen Universität könnte das Bekenntnis des Paulus aus 1. Korinther 3,11 tragen: »Einen anderen Grund kann niemand legen außer dem, der gelegt ist, welcher ist Jesus Christus.«

Anhang

1. Anmerkungen

1 Hier zitiert nach HANS JOACHIM STÖRIG, Kleine Weltgeschichte der Wissenschaft, Band 1 (Fischer Taschenbuch, Nr. 6398), Frankfurt 1982 (zuerst 1970), Seite 15. Ähnlich in Opus maius II 7 und 18: »Der Fortgang der ganzen Philosophie besteht darin, daß durch die Erkenntnis seiner (Gottes, d. Verf.) Schöpfung der Schöpfer erkannt werde«, »daher ist die Philosophie nichts als die Entfaltung der göttlichen Weisheit«, zitiert nach der Übersetzung von WILHELM WEISCHEDEL, Der Gott der Philosophen. Grundlegung einer philosophischen Theologie im Zeitalter des Nihilismus, 2 Bände in einem Band, Nachdruck der 1975 in 3. Auflage erschienenen zweibändigen Ausgabe Darmstadt 1983 (Band I: 1. Auflage 1971; Band II: 1. Auflage 1972), I: Wesen, Aufstieg und Verfall der philosophischen Theologie; II: Abgrenzung und Grundlegung; Zitat I S. 120.

2 Sprichwörtliche Kurzfassung der von PLATON überlieferten 'Απολογια (Verteidigungsrede) des Sokrates, VI D: »Jener glaubt etwas zu wissen, weiß aber nichts; ich weiß zwar auch nichts, glaube aber auch nichts zu wissen.« Vgl. JÜRGEN MITTELSTRASS, Platon, in: Klassiker der Philosophie, Band I: Von den Vorsokratikern bis David Hume, hg. von OTFRIED HÖFFE, München 1981, S. 38–62, S. 44.

3 Zu dem relativ wenig beachteten Roger Bacon vgl. R. WALZ, Das Verhältnis von Glaube und Wissen bei Roger Bacon, Diss. Fribourg 1928; MARTIN ANTON SCHMIDT, Scholastik, in: Die Kirche in ihrer Geschichte. Ein Handbuch, hg. von KURT DIETRICH SCHMIDT – ERNST WOLF, Band 2, Lieferung G, Göttingen 1969, S. G 135ff.; Störig (wie Anm. 1) S. 202–206; Weischedel (wie Anm. 1) I S. 127 und MARTIN ANTON SCHMIDT, Die Zeit der Scholastik, in: Handbuch der Dogmen- und Theologiegeschichte, hg. von CARL ANDRESEN, Band 1: Die Lehrentwicklung im Rahmen der Katholizität, Göttingen 1982, S. 567–754, S. 645–650; Literaturüberblick: F. ALESSIO, Un secolo di studi su Roger Bacon, in: Rivista critica di storia della filosofia 14, 1959, S. 81–102; eine deutsche Übersetzung des Opus maius, das Fragment

geblieben ist, liegt nicht vor, zu benutzen ist die dreibändige Ausgabe von JOHN HENRY BRIDGES, Opus maius sive de utilitate scientiarum, London 1897–1900, von der R. B. B. BURKE, Philadelphia 1928, eine englische Übersetzung besorgte.

4 HORST EBERHARD RICHTER, Der Gotteskomplex. Die Geburt und die Krise des Glaubens an die Allmacht des Menschen, Reinbek 1979, S. 19. Vgl. dazu LUTZ V. PADBERG, Freiheit und Autorität (Evangelium und Gesellschaft, Band 3), Wuppertal 1984, S. 22f.

5 CARL FRIEDRICH FRHR. V. WEIZSÄCKER, Die Tragweite der Wissenschaft, Band 1: Schöpfung und Weltentstehung. Die Geschichte zweier Begriffe, Stuttgart [5]1976 ([1]1964), S. 3. Siehe HELMUT THIELICKE, Der evangelische Glaube. Grundzüge einer Dogmatik, Band 1: Prolegomena. Die Beziehung der Theologie zu den Denkformen der Neuzeit, Tübingen 1968, S. 453ff.

6 Richter (wie Anm. 4) S. 26.

7 ERICH GEISSLER, Das ungewisse Wissen, in: Frankfurter Allgemeine Zeitung vom 17. Oktober 1984, S. 25. Zu diesem Problemkreis aus biblischer Sicht OS GUINNESS, Asche des Abendlandes (TELOS Wissenschaftliche Reihe, Nr. 4010), Neuhausen-Stuttgart 1976 (zuerst englisch unter dem Titel ›Dust of Death‹, 1972).

8 Problemaufriß und biblische Perspektiven dazu bei LUTZ V. PADBERG, Weltverbesserung oder Weltverantwortung? Die Strukturkrisen der Gegenwart im Spiegel des biblischen Realismus, Kassel 1982, bes. S. 11ff., 32ff.; BURGHARD AFFELD, ... höher als alle Vernunft. Friedens- und Weltverantwortung des Christen (Brockhaus Taschenbuch, Band 345), Wuppertal 1983, und HEINZ SCHUMACHER, Die atomare Bedrohung und der allmächtige Gott. Eine Anfrage an die Bibel (ABCteam, Nr. A 313), Stuttgart – Heilbronn 1983.

9 Vgl. etwa AURELIO PECCEI, Die Zukunft in unserer Hand. Gedanken und Reflexionen des Präsidenten des Club of Rome, Wien – München – Zürich – New York 1981; ALFRED GROSSER, Der schmale Grat der Freiheit. Eine Ethik für eine neue Zeit? (dtv, Nr. 10221), München 1984 (zuerst französisch 1981); WALTER JAIDE, Wertewandel? Grundfragen zu einer Diskussion, Opladen 1983; ERNST TUGENDHAT, Probleme der Ethik (Reclam, Nr. 8250), Stuttgart 1984, und vor allem das Kultbuch der modernen Intellektuellen: FRITJOF CAPRA, Wendezeit. Bausteine für ein neues Weltbild, Bern – München – Wien [6]1983 ([1]1983; zuerst amerikanisch 1982). Dazu die vernichtende Kritik von REINHARD BREUER, Rundschlag mit der Chinakeule, in: Die Zeit vom 18. September 1983, S. 72, sowie aus biblischer Sicht HANS-JÜRGEN PETERS, Ein neues Weltbild. Überlegungen zu Fritjof Capras Buch ›Wendezeit‹, in: factum 7/8, 1984, S. 34–41 und, bezogen auf die Rezeption

dieser Ideen in der Kirche, Burghard Affeld – Lutz v. Padberg, Umstrittener Kirchentag. Berichte, Analysen und Kommentare zum Deutschen Evangelischen Kirchentag von 1949 bis 1985 (Evangelium und Gesellschaft, Band 4), Wuppertal 1985, S. 243–247, 264f.

10 Eröffnet wurde die neue wissenschaftstheoretische Diskussion von Thomas S. Kuhn, Die Struktur wissenschaftlicher Revolutionen (suhrkamp taschenbuch wissenschaft, Band 25), Frankfurt ^{3}1978 (Nachdruck der erweiterten 2. Auflage von 1973; zuerst amerikanisch 1962). Dort S. 180ff. wird deutlich, daß Kuhn dennoch einen evolutionistischen Standpunkt vertritt. Zu der anregungsreichen Debatte, die vor allem von Seiten des kritischen Rationalismus geführt wurde, bes. der Berichtsband Kritik und Erkenntnisfortschritt. Abhandlungen des Internationalen Kolloquiums über die Philosophie der Wissenschaft London 1965, hg. von Imre Lakatos – Alan Musgrave, Band 4, Braunschweig ^{3}1974 (zuerst englisch 1970), sowie Wolfgang Stegmüller, Probleme und Resultate der Wissenschaftstheorie und Analytischen Philosophie, Band II: Theorie und Erfahrung, 2. Halbband: Theorienstrukturen und Theoriendynamik, Berlin – Heidelberg – New York 1973, S. 169–183 u. ö.; Lorenz Krüger, Die systematische Bedeutung wissenschaftlicher Revolutionen. Pro und Contra Thomas Kuhn, in: Theorien der Wissenschaftsgeschichte. Beiträge zur diachronischen Wissenschaftstheorie, hg. von Werner Diederich, Frankfurt 1978 (zuerst 1974) S. 210–246; in kritischer Sicht Elisabeth Ströker, Einführung in die Wissenschaftstheorie, München ^{2}1977 (^{1}1973), S. 112ff. und Dies., Wissenschaftsgeschichte als Herausforderung. Marginalien zur jüngsten wissenschaftstheoretischen Kontroverse, Frankfurt 1976, S. 8ff. sowie Hans Albert, Die Wissenschaft und die Fehlbarkeit der Vernunft, Tübingen 1982, S. 7f., 30, 119 u. ö. Eine konzis geschriebene, überaus wertvolle Analyse der hier aufscheinenden Problematik Glauben und Denken bietet die Studie von Siegfried Scharrer, Theologische Kritik der Vernunft (Theologische Beiträge, Band 1), Tübingen 1977. Von evangelikaler Seite versucht den Kuhnschen Ansatz fruchtbar zu machen Heinzpeter Hempelmann, Kritischer Rationalismus und Theologie als Wissenschaft. Zur Frage nach dem Wirklichkeitsbezug des christlichen Glaubens (TVG Monographien und Studienbücher, Nr. 302), Wuppertal 1982, bes. S. 279ff. und passim sowie zusammenfassend Ders., Christlicher Glaube vor dem Forum kritischer Vernunft. Der wissenschaftstheoretische Ansatz Th. S. Kuhns und seine Bedeutung für die theologische Wissenschaft, in: Theologische Beiträge 14, 1983, S. 33–40.

11 Siehe Paul Feyerabend, Wissenschaft als Kunst (edition suhrkamp, Band 1231, Neue Folge Band 231), Frankfurt 1984, bes. S. 15–84.

12 Der Begriff ›Erkenntnistheorie‹ ist eine Bildung des 18. Jahrhunderts und seit Eduard Zeller, Bedeutung und Aufgabe der Erkenntnistheorie, 1862, wissenschaftlich gebräuchlich, vgl. Alwin Diemer, Erkenntnistheorie, Erkenntnislehre, Erkenntniskritik I., in: Historisches Wörterbuch der Philosophie, hg. von Joachim Ritter, Band 2, 1972, Sp. 683.

13 Paul Feyerabend, Erkenntnis für freie Menschen (edition suhrkamp, Band 1011, Neue Folge Band 11), Frankfurt [2]1981 ([1]1980), S. 245f., zurückgreifend auf Xenophanes (ca. 570–477), Parmenides (ca. 540–480) und Melissos (ca. 410– ca. 360), dazu, freilich anders akzentuierend, Andreas Graeser, Die Vorsokratiker, in: Klassiker der Philosophie, Band 1: Von den Vorsokratikern bis David Hume, hg. von Otfried Höffe, München 1981, S. 13–37.

14 Feyerabend (wie Anm. 13) S. 262, auch 273: »Der Abstand zwischen der wissenschaftlichen Praxis und den Arien der Wissenschaftstheorie wurde größer als je zuvor.« Siehe auch Paul Feyerabend, Wider den Methodenzwang. Skizze einer anarchistischen Erkenntnistheorie, Frankfurt 1983 (zuerst 1976). Vgl. zu Feyerabends Thesen Albert (wie Anm. 10) S. 26 sowie die Sammelbände Versuchungen. Aufsätze zur Philosophie Paul Feyerabends, hg. von Hans Peter Duerr (edition suhrkamp, Band 1044 und 1068, Neue Folge Band 44 und 68), Frankfurt 1980 und 1981. Bei dem Erfolg der revolutionären Ansätze von Kuhn und Feyerabend (wobei dessen wissenschaftstheoretischer Anarchismus zweifelsohne radikaler ist) darf nicht vergessen werden, daß sie einem noch stärkeren Relativismus das Wort reden und so die Wertfrage eliminieren. Bei Feyerabends Schüler, dem Ethnologen Hans Peter Duerr, hat dies zu der obskuren Empfehlung geführt, das europäische Bewußtsein durch die Welt der Schamanen, Hexen und Werwölfe zu erweitern, siehe Traumzeit. Über die Grenze zwischen Wildnis und Zivilisation, Frankfurt [6]1982, und Ders., Ni Dieu, ni mètre. Anarchische Bemerkungen zur Bewußtseins- und Erkenntnistheorie (suhrkamp taschenbuch wissenschaft, Band 54), Frankfurt 1985 (zuerst 1975).

15 Vgl. Kurt Hübner, Kritik der wissenschaftlichen Vernunft, Freiburg – München [2]1979 ([1]1978); Gerhard Vollmer, Evolutionäre Erkenntnistheorie. Angeborene Erkenntnisstrukturen im Kontext von Biologie, Psychologie, Linguistik, Philosophie und Wissenschaftstheorie, Stuttgart [3]1983 ([1]1975), und Paul Feyerabend – Christian Thomas (Hg.), Wissenschaft und Tradition,

Zürich 1983 (mit einem Beitrag zur amerikanischen Kreationismus-Debatte). Aus theologischer Perspektive HELMUT THIELICKE, Glauben und Denken in der Neuzeit. Die großen Systeme der Theologie und Religionsphilosophie, Tübingen 1983.

16 Einführend HORST W. BECK, Biologie und Weltanschauung. Gott der Schöpfer und Vollender und die Evolutionskonzepte des Menschen (Wort und Wissen, Band 1), Neuhausen-Stuttgart 1979; DERS. – HEIKO HÖRNICKE – HERMANN SCHNEIDER, Die Debatte um Bibel und Wissenschaft in Amerika. Begegnungen und Eindrücke von San Diego bis Vancouver (Wort und Wissen, Band 8), Neuhausen-Stuttgart 1980; Am Anfang war die Information. Forschungsergebnisse aus Naturwissenschaft und Technik, hg. von WERNER GITT, Gräfelfing/München 1983, und HENRY M. MORRIS, History of modern Creationism, San Diego 1984.

17 WILLEM J. OUWENEEL, Evolution in der Zeitenwende. Biologie und Evolutionslehre – Die Folgen des Evolutionismus (Wort und Wissen, Band 16), Neuhausen-Stuttgart 1984 (teilweise zuvor in holländischer Sprache), S. 361.

18 Dazu WALTHER KRANZ, Die griechische Philosophie (dtv Wissenschaftliche Reihe, Nr. 4098), München 1971, S. 43–53; CARL-FRIEDRICH GEYER, Einführung in die Philosophie der Antike, Darmstadt 1978, S. 14f.; Weischedel (wie Anm. 1) I, S. 43ff. sowie HERMANN KRINGS – HANS MICHAEL BAUMGARTNER, Erkennen, Erkenntnis I., in: Historisches Wörterbuch der Philosophie, hg. von JOACHIM RITTER, Band 2, 1972, Sp. 643–662, Sp. 644f. und Graeser (wie Anm. 13) passim.

19 Zu den Sophisten Kranz (wie Anm. 18) S. 73–83; Geyer (wie Anm. 18) S. 25ff. und Graeser (wie Anm. 13) S. 33ff. Geradezu verblüffend ist die Parallelität dieser Gedanken zum neuzeitlichen Denken wie etwa bei Descartes, Nietzsche und Habermas.

20 So seine berühmte ›Homo-mensura-Formel‹, nach HERMANN DIELS, Die Fragmente der Vorsokratiker. Nachdruck der 6. Aufl., hg. von WALTHER KRANZ, Dublin – Zürich 1972, 80 Bl. Entsprechend der Ungewißheit des Denkens in der Sophistik ist Protagoras Agnostiker.

21 CURT FRIEDLEIN, Geschichte der Philosophie, 14., durchgesehene Auflage ([1]1913) Berlin 1984, S. 36. Vgl. auch Plotin (204–269), für den der Erkenntnisprozeß die Struktur von Selbsterkenntnis hat, vgl. Krings – Baumgartner (wie Anm. 18) Sp. 648f., dazu HEINRICH DÖRRIE, Spätantike Metaphysik als Theologie, in: Kirchengeschichte als Missionsgeschichte, Band 1: Die Alte Kirche, hg. von HEINZGÜNTHER FROHNES – UWE W. KNORR, München 1974, S. 262–282, S. 275ff.

22 KARLMANN BEYSCHLAG, Grundriß der Dogmengeschichte, Band 1: Gott und Welt (Grundrisse, Band 2), Darmstadt 1982, S. 11.

23 Ebd. sowie Platon, Legg. 716C. Einführend Kranz (wie Anm. 18) S. 101–152; EGIDIUS SCHMALZRIEDT, Platon, in: Exempla historica. Epochen der Weltgeschichte in Biographien, Band 4: Von den frühen Hochkulturen bis zum Hellenismus. Griechische Philosophen (Fischer Taschenbuch, Nr. 17004), Frankfurt 1985 (revidierte Ausgabe des Werkes ›Die Großen der Weltgeschichte‹, Zürich 1971), S. 119–139; Krings – Baumgartner (wie Anm. 18) Sp. 646f.; Geyer (wie Anm. 18) S. 54ff.; Weischedel (wie Anm. 1) I S. 48ff.; Höffe (wie Anm. 2) sowie Dörrie (wie Anm. 21) S. 263f.; ferner die anregungsreiche Kritik der staatstheoretischen Schriften Platons durch KARL R. POPPER, Die offene Gesellschaft und ihre Feinde, Band I: Der Zauber Platons (Uni-Taschenbücher, Band 472), München [6]1980 (1. englische Ausgabe 1945, 1. deutsche Ausgabe 1957), S. 43ff., 126ff.

24 Nach Diels (wie Anm. 20) B 90. Vgl. Geyer (wie Anm. 18) S. 15; Weischedel (wie Anm. 1) I S. 45 und A. SCHNEIDER, Der Gedanke der Erkenntnis des Gleichen durch Gleiches in antiker und patristischer Zeit, in: Festgabe für Clemens Baeumker, 1923, S. 65ff.

25 Friedlein (wie Anm. 21) S. 50 sowie JOSEF DERBOLAV, Erkenntnis und Entscheidung. Philosophie der geistigen Aneignung in ihrem Ursprung bei Platon, Wien 1934; WALTER GARRISON RUNCIMAN, Plato's later Epistemology, Cambridge 1962, und Krings – Baumgartner (wie Anm. 18) Sp. 646f.

26 Dörrie (wie Anm. 21) S. 274.

27 Platon, Theaetet XXV, 176 AB, Text bei FRIEDRICH LOOFS, Leitfaden zum Studium der Dogmengeschichte, 1. und 2. Teil: Alte Kirche, Mittelalter und Katholizismus bis zur Gegenwart, hg. von KURT ALAND, 7., ergänzte Auflage Tübingen 1968 ([1]1889), S. 19 Anm. 2; zum Verständnis DIETRICH ROLOFF, Gottähnlichkeit, Vergöttlichung und Erhöhung zu seligem Leben. Untersuchungen zur Herkunft der platonischen Angleichung an Gott (Untersuchungen zur antiken Literatur und Geschichte, Band 4), Berlin 1970; HENRI CROUZEL, L'imitation et la ›suite‹ de Dieu et du Christ dans les premiers siècles chrétiens, ainsi que leurs sources gréco romaines et hébraiques, in: Jahrbuch für Antike und Christentum 21, 1978, S. 7–41 sowie Beyschlag (wie Anm. 22) S. 12, 106.

28 Die lebhafte Debatte um die Verbindung von Platonismus und Christentum wird kontrovers geführt, vgl. Loofs – Aland (wie Anm. 27) S. 138ff. Die gegensätzlichen Standpunkte markieren HEINRICH DÖRRIE, Die Andere Theologie. Wie stellten die frühchristlichen Theologen des 2.–4. Jahrhunderts ihren Lesern die ›griechische Weisheit‹ dar?, in: Theologie und Philosophie 56,

1981, S. 1–46; Ders., Was ist spätantiker Platonismus? Überlegungen zur Grenzziehung zwischen Platonismus und Christentum, in: Theologische Rundschau 36, 1971, S. 285–302, jetzt in: Ders; Platonica Minora, München 1976, S. 508–523 auf der einen und Eginhard Peter Meijering, Wie platonisierten Christen? Zur Grenzziehung zwischen Platonismus, kirchlichem Credo und patristischer Theologie, in: Vigiliae christianae 28, 1974, S. 15–28, Adolf Martin Ritter, Dogma und Lehre in der Alten Kirche, in: Handbuch der Dogmen- und Theologiegeschichte (wie Anm. 3) S. 99–283, S. 111ff. und Wohlfhart Pannenberg, Christentum und Platonismus. Die kritische Platonrezeption Augustins in ihrer Bedeutung für das gegenwärtige christliche Denken, in: Zeitschrift für Kirchengeschichte 96, 1985, S. 147–161 auf der anderen Seite.

29 Friedlein (wie Anm. 21) S. 52, vgl. Ouweneel (wie Anm. 17) S. 20f. Einführend zu Aristoteles Kranz (wie Anm. 18) S. 152–188; Geyer (wie Anm. 18) S. 66ff., 76ff.; Weischedel (wie Anm. 1) I S. 54ff.; Krings – Baumgartner (wie Anm. 18) Sp. 647f.; Olof Gigon, Aristoteles, in: Exempla historica (wie Anm. 23) S. 141–176; Ders. – Heinrich Dörrie, Aristoteles/Aristotelismus I. Aristoteles, II. Antiker Aristotelismus, in: Theologische Realenzyklopädie, Band 3, 1978, S. 726–768, 768–776 sowie Otfried Höffe, Aristoteles, in: Klassiker der Philosophie, Band 1: Von den Vorsokratikern bis David Hume, hg. von Dems., München 1981, S. 63–94.

30 Vgl. Weischedel (wie Anm. 1) I S. 57 sowie Klaus Oehler, Der Unbewegte Beweger des Aristoteles (Philosophische Abhandlungen, Band 52), Frankfurt 1984.

31 Aristoteles, Ethica Nicomachea 1177a 15f., übersetzt von Weischedel (wie Anm. 1) I S. 58.

32 Dazu Ouweneel (wie Anm. 17) S. 20; zur Aristoteles-Rezeption Wolfgang Kluxen – Rolf Schäfer, Aristoteles/Aristotelismus V. Abendländischer Aristotelismus, in: Theologische Realenzyklopädie, Band 3, 1978, S. 782–796 sowie der in Anm. 3 zitierte erste Band des Handbuches der Dogmen- und Theologiegeschichte, passim.

33 Vgl. Heinrich Dörrie, Das Gebäude spätantiker Bildung mit seinen religiösen Zügen, in: Kirchengeschichte als Missionsgeschichte, Band I: Die Alte Kirche, hg. von Heinzgünter Frohnes – Uwe W. Knorr, München 1974, S. 247–261, S. 254; Ders. (wie Anm. 21) S. 270ff. sowie Alfred Adam, Lehrbuch der Dogmengeschichte, Band 1: Die Zeit der Alten Kirche, Gütersloh [4]1981 ([1]1965), S. 96ff.

34 Weischedel (wie Anm. 1) I S. 70, vgl. Dörrie (wie Anm. 21) S. 280ff.

35 Die entsprechenden Stellen werden erörtert unten in Abschnitt C) III. 1.–5. Unzulänglich Weischedel (wie Anm. 1) I S. 71f.

36 Vgl. Schmidt (wie Anm. 3, 1982) passim; Beyschlag (wie Anm. 22) S. 116ff.; HAROLD O. J. BROWN, Heresies. The Image of Christ in the Mirror of Heresy and Orthodoxy from the Apostles to the Present, New York 1984, sowie, immer noch unentbehrlich, REINHOLD SEEBERG, Lehrbuch der Dogmengeschichte, 3. Band: Die Dogmenbildung des Mittelalters, Darmstadt 1959 (Nachdruck der 4. Auflage von 1930, [1]1898).

37 Ebd. sowie als Überblick KURT ALAND, Geschichte der Christenheit, Band 1: Von den Anfängen bis an die Schwelle der Reformation, Gütersloh 1980, bes. S. 246ff., 266ff.; HERBERT GRUNDMANN, Litteratus – illitteratus. Der Wandel einer Bildungsnorm vom Altertum zum Mittelalter, in: Archiv für Kulturgeschichte 40, 1958, S. 1–65; PIERRE RICHÉ, Écoles et enseignement dans le haut moyen âge (5e au 11e siècle), Paris 1979; DERS., Bildung IV. Alte Kirche und Mittelalter, in: Theologische Realenzyklopädie, Band 6, 1980, S. 595–611 und der Sammelband: La scuola nell'Occidente latino dell'alto medioevo (Settimane di studio del centro italiano di studi sull'alto medioevo, Band 19), Spoleto 1972.

38 Augustinus, Confessiones X, 1,1 nach 1. Korinther 13,12. Vgl. RUDOLF LORENZ, Gnade und Erkenntnis bei Augustinus, in: Zeitschrift für Kirchengeschichte 75, 1964, S. 21–78; ALFRED SCHINDLER, Augustin/Augustinismus I. Augustin, in: Theologische Realenzyklopädie, Band 4, 1979, S. 646–698 (mit sehr reichhaltigen Literaturhinweisen); ALFRED SCHÖPF, Augustinus, in: Klassiker der Philosophie, Band 1: Von den Vorsokratikern bis David Hume, hg. von OTFRIED HÖFFE, München 1981, S. 154–176; Weischedel (wie Anm. 1) I S. 98–117; HEINRICH FRIES, Augustinus, in: Klassiker der Theologie, Band 1: Von Irenäus bis Martin Luther, hg. von DEMS. – GEORG KRETSCHMAR, München 1981, S. 104–129; CORNELIUS MAYER, Aurelius Augustinus, in: Gestalten der Kirchengeschichte, Band 2: Alte Kirche II, hg. von MARTIN GRESCHAT, Stuttgart – Berlin – Köln – Mainz 1984, S. 179–214 und EKKEHARD MÜHLENBERG, Dogma und Lehre im Abendland, 1: Von Augustinus bis Anselm von Canterbury, in: Handbuch der Dogmen- und Theologiegeschichte (wie Anm. 3) S. 406–566, S. 406–463 sowie die lesenswerte Kurzbiographie von HANS v. CAMPENHAUSEN, Lateinische Kirchenväter (Urban-Taschenbücher, Band 50), Stuttgart – Berlin – Köln – Mainz [3]1972 ([1]1960), S. 151–222.

39 Schöpf (wie Anm. 38) S. 154f.

40 Augustinus, Tractatus in evangelium Iohannis 40,9; vgl. ebd. 27,9: »Credidimus ut cognosceremus; nam si prius cognoscere, et

deinde credere vellemus, nec cognoscere, nec credere valeremus.« Siehe Schindler (wie Anm. 38) S. 664ff., auch zur Debatte über die Illuminationslehre. Literaturbericht: CAROLINE-EVA SCHÜTZINGER, Die augustinische Erkenntnislehre im Lichte neuerer Forschung, in: Recherches augustiniennes 2, 1962, S. 177–203.

41 Siehe Augustinus, Confessiones X sowie Krings – Baumgartner (wie Anm. 18) Sp. 649.

42 Vgl. Schöpf (wie Anm. 38) S. 155 und GORDON LEFF, Augustin/Augustinismus II. Augustinismus im Mittelalter, in: Theologische Realenzyklopädie, Band 4, 1979, S. 699–717 sowie Schmidt (wie Anm. 3, 1982) passim.

43 Weischedel (wie Anm. 1) I S. 122ff.; HELMUT THIELICKE, Mensch sein – Mensch werden. Entwurf einer christlichen Anthropologie, München – Zürich [3]1981 ([1]1976), S. 169ff.; LUDWIG HÖDL, Anselm von Canterbury, in: Theologische Realenzyklopädie, Band 2, 1978, S. 759–778; KURT FLASCH, Anselm von Canterbury, in: Klassiker der Philosophie, Band 1: Von den Vorsokratikern bis David Hume, hg. von OTFRIED HÖFFE, München 1981, S. 177–197; RICHARD HEINZMANN, Anselm von Canterbury, in: Klassiker der Theologie, Band 1: Von Irenäus bis Martin Luther, hg. von HEINRICH FRIES, München 1981, S. 165–180; Mühlenberg (wie Anm. 38) S. 554ff. und MARTIN ANTON SCHMIDT, Anselm von Canterbury, in: Gestalten der Kirchengeschichte, Band 3: Mittelalter I, hg. von MARTIN GRESCHAT, Stuttgart – Berlin – Köln – Mainz 1983, S. 123–147.

44 Siehe Flasch (wie Anm. 43) S. 183 sowie Anselm von Canterbury, Contra insip. IX: »Quare qui cogitat quo maius non possit cogitari: non cogitat quod possit, sed quod non possit non esse. Quapropter necesse est esse quod cogitat, quia quidquid non esse potest, non est quod cogitat.« Siehe Krings – Baumgartner (wie Anm. 18) Sp. 649f.; KARL BARTH, Fides quaerens intellectum. Anselms Beweis der Existenz Gottes im Zusammenhang seines theologischen Programms, München 1931, Neuausgabe Zürich 1981 (zuerst 1958; zu diesem Schlüsselwerk zum Verständnis der ›Kirchlichen Dogmatik‹ Barths siehe HENDRIKUS BERKHOF, 200 Jahre Theologie. Ein Reisebericht, Neukirchen-Vluyn 1985, S. 202ff.), und KARL ZIMMERMANN, Anselm von Canterbury, der ontologische Gottesbeweis und das Problem der metaphysischen Erkenntnis, in: Die Metaphysik im Mittelalter, hg. von PAUL WILPERT (Miscellanea Mediaevalia 2), Berlin 1963, S. 183–191.

45 Flasch (wie Anm. 43) S. 183.

46 Krings – Baumgartner (wie Anm. 18) Sp. 650.

47 Übersetzung nach Weischedel (wie Anm. 1) I S. 123; vgl. Hödl (wie Anm. 43) S. 770ff. und Mühlenberg (wie Anm. 38) S. 556ff.

48 ULRICH KÜHN, Thomas von Aquin, in: Gestalten der Kirchengeschichte, Band 4: Mittelalter II, hg. von MARTIN GRESCHAT, Stuttgart – Berlin – Köln – Mainz 1983, S. 38–62, S. 57. Vgl. Weischedel (wie Anm. 1) I S. 130–141; RICHARD HEINZMANN, Thomas von Aquin, in: Klassiker der Philosophie, Band 1: Von den Vorsokratikern bis David Hume, hg. von OTFRIED HÖFFE, München 1981, S. 198–219 und Schmidt (wie Anm. 3, 1982) S. 650–683.

49 Der Universalienstreit ist das beherrschende Thema der scholastischen Philosophie. In dieser erkenntnismetaphysischen Debatte ging es um das Verhältnis der Allgemeinbegriffe zu den Einzeldingen (universalia – res). In der platonisch geprägten ersten Periode des Streites, der Frühscholastik, ging man davon aus, daß die Allgemeinbegriffe Realitäten seien, die vor den Dingen existieren (universalia sunt realia, – universalia sunt ante res). Für diesen objektiven Idealismus bildet Gott als der höchste Begriff den Ausgangspunkt. Die zweite Periode, die Hochscholastik, vertrat unter aristotelischem Einfluß einen gemäßigten Realismus, nach dem die Allgemeinbegriffe Wirklichkeiten sind, die in den Dingen existieren (universalia sunt realia, – universalia sunt in rebus). Ausgangspunkt war hierbei eine verstärkte Zuwendung zu immanenten Dingen, sah man doch in Aristoteles den praecursor Christi in rebus naturalibus. Die dritte Periode, die Spätscholastik, entzündete sich an dem Problem der Willensfreiheit. Für sie sind die Allgemeinbegriffe keine Ideen (wie in der Frühscholastik), sondern bloße Namen, sie sind also subjektive Bezeichnungen (universalia sunt nomina, – universalia sunt post res), die nach den Dingen entstanden sind. Dieser Nominalismus hatte erhebliche Folgen, betrachtete er doch den menschlichen Verstand als allein maßgebend (vgl. den skeptischen Empirismus). Überdies wurde damit der Indeterminismus begründet, nach dem der Mensch frei und selbstverantwortlich die Gnade Gottes durch eigenen Verdienst erwerben könne. Die jeweiligen Hauptvertreter des Streites sind: Frühscholastik: Anselm von Canterbury, Wilhelm von Champeaux (1070–1121); Hochscholastik: Abaelard (1079–1142), Albertus Magnus (1193–1280), Thomas von Aquin; Spätscholastik: Johannes Duns Scotus, Wilhelm von Ockham. Vgl. JOSEPH KLEIN, Universalienstreit des Mittelalters, in: Die Religion in Geschichte und Gegenwart, Band 6, ³1962, Sp. 1151–1157 und Friedlein (wie Anm. 21) S. 103ff.

50 Thomas von Aquin, Summa theologiae I 1, 8 ad 2, Übersetzung von Weischedel (wie Anm. 1) I S. 135.

51 Heinzmann (wie Anm. 48) S. 213. Vgl. ERNST RUEPPEL, Unbekanntes Erkennen. Das Erfassen der Wirklichkeit nach dem heiligen

Thomas von Aquin (Forschungen zur neueren Philosophie und ihrer Geschichte, Neue Folge Band 18), Würzburg 1971.

52 Siehe Thomas von Aquin, Summa theologiae I–II 90 ad 1: »lex est quaedam regula et mensura actuum«, wobei dieses Gesetz eben die menschliche Vernunft ist, vgl. Weischedel (wie Anm. 1) I S. 130.

53 Siehe Krings – Baumgartner (wie Anm. 18) Sp. 650f. und in knapper Akzentuierung Joachim Cochlovius, Die geistesgeschichtlichen Wurzeln der ›Historisch-kritischen Methode‹, in: Arbeitsbuch Hermeneutik, hg. von Dems. – Peter Zimmerling, Krelingen 1983, S. 304–308, S. 304.

54 Ähnlich Weischedel (wie Anm. 1) I S. 118ff.

55 Siger von Brabant, Quaestiones in metaphysicam III 1, nach Weischedel (wie Anm. 1) I S. 121. Der Averroismus ist nach dem arabischen Philosophen, Arzt und Aristoteles-Kommentator Ibn Raschad Averroës (1126–1198) benannt, von dem er die Lehre von der Ewigkeit der Welt und der einen, allen Menschen gemeinsamen Vernunft, die sich nur zeitweise mit den sterblichen Einzelseelen verbinde (Monopsychismus), übernahm. Vgl. Jan Hjärpe – Hermann Greive – Wolfgang Kluxen, Averroes/Averroismus, in: Theologische Realenzyklopädie, Band 5, 1980, S. 51–61 und Schmidt (wie Anm. 3, 1982) S. 683f.

56 Petrus Damianus, De divina omnipotentia 5, übersetzt von Weischedel (wie Anm. 1) I S. 122. Siehe Schmidt (wie Anm. 3, 1982) S. 553f.

57 Zum Nominalismus vgl. oben Anm. 49, zur Situation Störig (wie Anm. 1) S. 227ff.; Aland (wie Anm. 37) S. 357ff.; v. Padberg (wie Anm. 4) S. 42ff.; Heiko A. Oberman, Spätscholastik und Reformation, Band I: Der Herbst der mittelalterlichen Theologie, Zürich 1965, und Bernd Moeller, Geschichte des Christentums in Grundzügen (Uni-Taschenbücher, Band 905), Göttingen ^{3}1983 (^{1}1979), S. 210ff. Ferner Ulrich Köpf, Die Anfänge der theologischen Wissenschaftstheorie im 13. Jahrhundert (Beiträge zur historischen Theologie, Band 49), Tübingen 1974.

58 Hierzu Weischedel (wie Anm. 1) I S. 142f.; Werner Dettloff, Johannes Duns Scotus, in: Klassiker der Theologie, Band 1: Von Irenäus bis Martin Luther, hg. von Heinrich Fries – Georg Kretschmar, München 1981, S. 226–237; Ders., Duns Scotus/Scotismus I. Duns Scotus, in: Theologische Realenzyklopädie, Band 9, 1982, S. 218–231 und Hans-Joachim Werner, Johannes Duns Scotus, in: Gestalten der Kirchengeschichte, Band 4: Mittelalter II, hg. von Martin Greschat, Stuttgart – Berlin – Köln – Mainz 1983, S. 73–91.

59 Wilhelm von Ockham, Ordinatio (Buch I des Sentenzenkommentars) Prol 1,2 und 3,2f. nach Weischedel (wie Anm. 1) I S. 144f.;

ferner JOHANNES KARL SCHLAGETER, Wilhelm von Ockham, in: Klassiker der Theologie, Band 1: Von Irenäus bis Martin Luther, hg. von HEINRICH FRIES – GEORG KRETSCHMAR, München 1981, S. 238–251; RUEDI IMBACH, Wilhelm Ockham, in: Klassiker der Philosophie, Band 1: Von den Vorsokratikern bis David Hume, hg. von OTFRIED HÖFFE, München 1981, S. 220–244; Schmidt (wie Anm. 3, 1982) S. 704ff. sowie JÜRGEN MIETHKE, Wilhelm von Ockham, in: Gestalten der Kirchengeschichte, Band 4: Mittelalter II, hg. von MARTIN GRESCHAT, Stuttgart – Berlin – Köln – Mainz 1983, S. 155–175, ferner ERICH HOCHSTETTER, Studien zu Metaphysik und Erkenntnislehre Wilhelms von Ockham, Berlin 1927.

60 So Aland (wie Anm. 37) S. 338 sowie JOHN CLAYTON, Gottesbeweise II. Mittelalter, in: Theologische Realenzyklopädie, Band 13, 1984, S. 724–740, S. 739.

61 Störig (wie Anm. 1) S. 228, zusammenfassend KURT ALAND, Geschichte der Christenheit, Band 2: Von der Reformation bis in die Gegenwart, Gütersloh 1982, S. 12ff., 182ff.

62 WOLFHART PANNENBERG, Die Bestimmung des Menschen. Menschsein, Erwählung und Geschichte, Göttingen 1978, S. 11f.

63 Zum Verständnis der Neuzeit ist Descartes von größter Bedeutung, vgl. die Einführungen von ADOLF SCHLATTER, Die philosophische Arbeit seit Cartesius. Ihr ethischer und religiöser Ertrag, Nachdruck der 3. Auflage von 1923 (TVG Monographien und Studienbücher), Gießen – Basel ^{5}1981 (^{1}1906), S. 14–49; Weischedel (wie Anm. 1) I S. 165–175; RAINER SPECHT, René Descartes, in: Klassiker der Philosophie, Band 1: Von den Vorsokratikern bis David Hume, hg. von OTFRIED HÖFFE, München 1981, S. 301–321; WOLFGANG HÜBENER, René Descartes, in: Theologische Realenzyklopädie, Band 8, 1981, S. 499–510; WALTER KERN – CHRISTIAN LINK, Autonomie und Geschöpflichkeit, in: Christlicher Glaube in moderner Gesellschaft, Band 18, Freiburg – Basel – Wien 1982, S. 101–148, S. 112f.; WALTER SCHULZ, Philosophie in der veränderten Welt, Pfullingen 1984 (zuerst 1971), S. 258ff., 348ff. und vor allem Thielicke (wie Anm. 15) S. 57–86.

64 René Descartes, Oeuvres, publiées par CHARLES ADAM – PAUL TANNERY, Paris 1897–1913, mehrere Neuauflagen, VI: Discours, 18.

65 GERHART SCHMIDT, René Descartes, in: Gestalten der Kirchengeschichte, Band 8: Die Aufklärung, hg. von MARTIN GRESCHAT, Stuttgart – Berlin – Köln – Mainz 1983, S. 77–87, S. 81.

66 Meist verkürzt ohne ›ego‹ zitiert. Zuerst französisch »je pense, donc je suis« im vierten Teil des Discours (wie Anm. 64) VI, 559; dann in der bekannteren lateinischen Version in den ›Principia Philosophiae‹, Oeuvres (wie Anm. 64) VIII, 7.

67 Zum Gottesbegriff des Descartes Schmidt (wie Anm. 65) S. 83f.; Hübener (wie Anm. 63) S. 505ff. und vor allem Thielicke (wie Anm. 15) S. 82ff., dessen erster Dogmatikband in luzider Weise ganz den Folgen der cartesianischen ›Theologie‹ gewidmet ist (wie Anm. 5).

68 Skizziert bei Thielicke (wie Anm. 15) S. 87ff.

69 Siehe Reinhard Brandt, John Locke, in: Klassiker der Philosophie, Band 1: Von den Vorsokratikern bis David Hume, hg. von Otfried Höffe, München 1981, S. 360–377; Mark Adrian Goldie, John Locke, in: Gestalten der Kirchengeschichte, Band 8: Die Aufklärung, hg. von Martin Greschat, Stuttgart – Berlin – Köln – Mainz 1983, S. 105–119; Cochlovius (wie Anm. 53) S. 306 und Emerich Coreth – Harald Schöndorf, Philosophie des 17. und 18. Jahrhunderts (Grundkurs Philosophie, Band 8 = Urban-Taschenbücher, Nr. 352) Stuttgart – Berlin – Köln – Mainz 1983, S. 58–66.

70 So etwa bei George Berkeley (1685–1753), vgl. Friedlein (wie Anm. 21) S. 174 und allgemein John Clayton, Gottesbeweise III. Systematisch/Religionsphilosophisch, in: Theologische Realenzyklopädie, Band 13, 1984, S. 740–784 sowie Klaus Bockmühl, Die Argumente für die Existenz Gottes, zuerst in: Theologische Beiträge 9, 1978, S. 194–204; jetzt in: Ders., Theologie und Lebensführung. Gesammelte Aufsätze II, Gießen – Basel 1982, S. 30–42, 155f.

71 Friedlein (wie Anm. 21) S. 182.

72 Thielicke (wie Anm. 15) S. 397 nach Giambattista Vico, Die neue Wissenschaft von der gemeinschaftlichen Natur der Nationen. Auswahl, Übersetzung und Einleitung von Ferdinand Fellmann (Klostermann-Texte, Philosophie) Frankfurt 1981. Vgl. dort § 331, S. 30: Es erscheint das »ewige, niemals erlöschende Licht jener Wahrheit, die man in keiner Weise in Zweifel ziehen kann: daß die gesellschaftliche Welt ganz gewiß von Menschen gemacht worden ist und daß deshalb ihre Prinzipien in den Modifikationen unseres eigenen menschlichen Geistes auffindbar sein müssen.« Vgl. zu Vico Karl Löwith, Weltgeschichte und Heilsgeschehen. Die theologischen Voraussetzungen der Geschichtsphilosophie (Urban-Taschenbücher, Nr. 2) Stuttgart – Berlin – Köln – Mainz [5]1967 ([1]1953, zuerst englisch 1949), S. 109–128 und Thielicke (wie Anm. 43) S. 176ff.

73 Ebd. S. 179.

74 Carl Friedrich Gethmann, Erkenntnistheorie, Erkenntnislehre, Erkenntniskritik II., in: Historisches Wörterbuch der Philosophie, hg. von Joachim Ritter, Band 2, Sp. 683–690, Sp. 684, z. T. nach Descartes. Vgl. v. Padberg (wie Anm. 4) S. 22ff., 50ff.

75 Ouweneel (wie Anm. 17) S. 24 und Richter (wie Anm. 4) S. 28.

76 Kant nach Weischedel (wie Anm. 1) I S. 200. Eine eingehende

Studie zu diesem entscheidenden Denker der Aufklärung aus biblischer Sicht ist nach wie vor ein Desiderat. Bislang am hilfreichsten sind die Arbeiten von HELMUT LAMPARTER, Prüfet die Geister. Philosophen und Denker von Kant bis Bloch (ABC-team, Nr. A 35) Wuppertal [3]1975 ([1]1961), S. 10–25; Weischedel (wie Anm. 1) I S. 191–213; Thielicke (wie Anm. 15) S. 299–352 und ALMA V. STOCKHAUSEN, Mythos – Logos – Evolution. Dialektische Verknüpfung von Geist und Materie (Wort und Wissen, Band 10), Neuhausen-Stuttgart 1981, S. 87ff. Vgl. ferner Schlatter (wie Anm. 63) S. 115–151; Schulz (wie Anm. 63) passim; EMANUEL HIRSCH, Geschichte der neuern evangelischen Theologie im Zusammenhang mit den allgemeinen Bewegungen des europäischen Denkens, 5 Bände, Münster 1984 (Nachdruck der 3. Auflage Gütersloh 1964, [1]1949–1954) 4, S. 271–329; OTFRIED HÖFFE, Immanuel Kant, in: Klassiker der Philosophie, Band 2: Von Immanuel Kant bis Jean-Paul Sartre, hg. von DEMS., München 1981, S. 7–39; Coreth – Schöndorf (wie Anm. 69) S. 95–146 sowie GUNTER SCHOLTZ, Immanuel Kant, in: Gestalten der Kirchengeschichte, Band 8: Die Aufklärung, hg. von MARTIN GRESCHAT, Stuttgart – Berlin – Köln – Mainz 1983, S. 327–346; schließlich als Überblick RAINER PIEPMEIER, Aufklärung I. Philosophisch, in: Theologische Realenzyklopädie, Band 4, 1979, S. 575–594 und JOACHIM KOPPER, Einführung in die Philosophie der Aufklärung. Die theoretischen Grundlagen, Darmstadt 1979.

77 Immanuel Kant, Vorrede zur zweiten Auflage der Kritik der reinen Vernunft, in: Werke in zehn Bänden, hg. von WILHELM WEISCHEDEL, Band 3, Darmstadt [5]1983 ([1]1956), S. 23.

78 Zu diesem Komplex Coreth – Schöndorf (wie Anm. 69) S. 143ff.; Thielicke (wie Anm. 15) S. 332ff. und KARL-HEINZ MICHEL, Erkenntnis und Idee Gottes in der Philosophie Immanuel Kants, in: Wer ist das – Gott? Christliche Gotteserkenntnis in den Herausforderungen der Gegenwart. Bericht und Dokumentation von der 2. Theologischen Studienkonferenz des Arbeitskreises für evangelikale Theologie, hg. von HELMUT BURKHARDT (TVG, Monographien und Studienbücher, Nr. 307), Gießen – Basel – Wuppertal 1982, S. 107–119, S. 114f. Schlatter (wie Anm. 63) S. 141 formuliert pointiert: »Luther hatte für seinen Glauben einen bestimmten Inhalt. Er wußte, wo er Gott vernahm, wo sich ihm seine Gnade bezeugte, wodurch er somit zum Glauben berufen und ermächtigt war, auf welchen Grund hin er glaubte. Woher nimmt der kantische Glaube seinen Inhalt? Was verschafft ihm irgendeine Aussage über Gott? Die ›Vernunft‹ bildet dieses Ideal! Ihr brachte Kant eine unbegrenzte Vereh-

rung dar, die auch ihre Ideale und Postulate noch gegen Anzweiflung und Mißachtung schützte.«

79 Nach Weischedel (wie Anm. 1) I S. 201.

80 Ebd. S. 210.

81 Vgl. Scholtz (wie Anm. 76) S. 344. Dementsprechend formuliert Kant seinen berühmten kategorischen Imperativ: »Handle nur nach derjenigen Maxime, durch die du zugleich wollen kannst, daß sie ein allgemeines Gesetz werde«, so die Fassung nach der Grundlegung zur Metaphysik der Sitten, Werke (wie Anm. 77) Band 6, S. 51, zu den Varianten: Höffe (wie Anm. 76) S. 24f. Vgl. Thielicke (wie Anm. 15) S. 364ff.

82 Ebd. S. 334ff.

83 Ebd. S. 334.

84 Vgl. Ouweneel (wie Anm. 17) S. 25f. und Michel (wie Anm. 78) S. 118f., siehe auch ALEXANDER SCHWAN, Humanismen und Christentum, in: Christlicher Glaube in moderner Gesellschaft, Band 19, Freiburg – Basel – Wien 1981, S. 5–63, S. 15.

85 GÜNTER ROHRMOSER, Zäsur. Wandel des Bewußtseins, Stuttgart 1980, S. 170.

86 Dazu Weischedel (wie Anm. 1) I S. 283–377, auch 378ff. und Thielicke (wie Anm. 15) S. 393–422. Zu Hegel: Hirsch (wie Anm. 76) 4, S. 455–490; Löwith (wie Anm. 72) S. 55ff.; WILHELM ANZ, Idealismus und Nachidealismus, in: Die Kirche in ihrer Geschichte. Ein Handbuch, hg. von BERND MOELLER, Band 4, Lieferung P, Göttingen 1975, S. P99–P212, S. P135–P161; Schulz (wie Anm. 63) passim; HANS FRIEDRICH FULDA, Georg Wilhelm Friedrich Hegel, in: Klassiker der Philosophie, Band 2: Von Immanuel Kant bis Jean-Paul Sartre, hg. von OTFRIED HÖFFE, München 1981, S. 62–92 und EMERICH CORETH – PETER EHLEN – JOSEF SCHMIDT, Philosophie des 19. Jahrhunderts (Grundkurs Philosophie, Band 9 = Urban-Taschenbücher, Nr. 353) Stuttgart – Berlin – Köln – Mainz 1984, S. 51–105 sowie aus anderer Sicht Schlatter (wie Anm. 63) S. 198–217; Lamparter (wie Anm. 76) S. 58–68 und v. Stockhausen (wie Anm. 76) S. 160–207.

87 Das Folgende nach Thielicke (wie Anm. 15) S. 396ff.

88 Hegel, Vorlesungen über die Philosophie der Religion, Werke Band XI, 1832, S. 128.

89 Ebd. S. 122.

90 Thielicke (wie Anm. 15) S. 409.

91 Zur Hegel-Rezeption ebd. S. 456ff. (bei David Friedrich Strauß), 472ff. (bei Ludwig Feuerbach) und S. 497ff. (bei Karl Marx); vgl. ferner Weischedel (wie Anm. 1) I S. 390ff. (zu L. Feuerbach) und S. 410ff. (bei K. Marx); Coreth – Ehlen – Schmidt (wie Anm. 86) S. 100ff.; Anz (wie Anm. 86) S. P162ff. (zu L. Feuerbach) und

S. 173ff. (zu K. Marx); v. Stockhausen (wie Anm. 76) S. 244ff. sowie als Überblick Horst Stuke, Hegelianismus, in: Historisches Wörterbuch der Philosophie, hg. von Joachim Ritter, Band 3, 1974, Sp. 1026–1030.

92 Vgl. Rohrmoser (wie Anm. 85) S. 172.

93 Thielicke (wie Anm. 15) S. 414f.

94 Roger Garaudy, Gott ist tot. Das System und die Methode Hegels, Frankfurt 1965, S. 430.

95 Nach Thielicke (wie Anm. 15) S. 414 mit Hinweis auf Kuno Fischer, Geschichte der neueren Philosophie, Band 8, 1901, S. 996ff.

96 Übersetzt nach Gerald Robertson Cragg, From Puritanism to the Age of Reason. A Study of Changes in religious Thought within the Church of England, 1660–1700, Cambridge 1950, S. 230.

97 Konsequenterweise wurde im frühen 18. Jahrhundert an den Universitäten die Lehrfreiheit eingeführt (1694 in Halle, 1737 in Göttingen). Das Ideal der reinen Wissenschaft, wie es dann Wilhelm von Humboldt (1767–1835) bei der Gründung der Berliner Universität 1809 formulierte, sollte den ständigen Prozeß wissenschaftlicher Erkenntnis fördern. Siehe zu dem Beispiel Göttingen Rudolf Smend, Göttingen, in: Theologische Realenzyklopädie, Band 13, 1984, S. 558–563, S. 560.

98 Einführend Gethmann (wie Anm. 74) Sp. 683ff.; Alois Halder, Erkenntnis, Erkenntnismetaphysik, in: Sacramentum mundi. Theologisches Lexikon für die Praxis, Band 1, Freiburg – Basel – Wien 1967, Sp. 1135–1159; Ströker (wie Anm. 12, 1977); Gerold Prauss, Einführung in die Erkenntnistheorie, Darmstadt 1980; Otto Friedrich Bollnow, Philosophie der Erkenntnis, 1. Teil: Das Vorverständnis und die Erfahrung des Neuen (Urban-Taschenbücher, Nr. 126), Stuttgart – Berlin – Köln – Mainz [2]1981 ([1]1970); Helmut Seiffert, Einführung in die Wissenschaftstheorie, 2 Bände (Beck'sche Schwarze Reihe, Band 60 und 61), München, 1: [2]1970 ([1]1969), 2: [2]1971 ([1]1970); Wissenschaftstheorie, hg. von Heinrich Rombach, 2 Bände, Freiburg – Basel – Wien 1974; jeweils mit reichen Literaturangaben. Bei dem folgenden Überblick beschränken wir uns auf wenige Hinweise.

99 Krings – Baumgartner (wie Anm. 18) Sp. 657; Friedlein (wie Anm. 21) S. 293ff. und der Sammelband Positivismus als Wissenschaftstheoretisches Problem, hg. von Peter Schneider – Otto Saame, Mainz 1968.

100 Gethmann (wie Anm. 74) Sp. 685.

101 Etwa Ernst Mach, Die Analyse der Empfindungen und das Verhältnis des Physischen zum Psychischen, Jena [3]1902 ([1]1886), und Ders., Die Leitgedanken meiner wissenschaftlichen Er-

kenntnislehre und ihre Aufnahme durch die Zeitgenossen, in: Physikalische Zeitschrift 11, 1910, S. 599–606. Dazu KARL R. POPPER, Ausgangspunkte. Meine intellektuelle Entwicklung, Hamburg [2]1982 ([1]1979; zuerst englisch unter dem treffenderen Titel ›Unended Quest‹, 1974), S. 221ff., anders Feyerabend (wie Anm. 13) S. 262ff.

102 Vgl. Friedlein (wie Anm. 21) S. 309ff. Literatur bei Krings – Baumgartner (wie Anm. 18) Sp. 657, 661.

103 Ebd. Sp. 657f. sowie, mit reichen Literaturhinweisen, HELMUT HOLZHEY, Neukantianismus, in: Historisches Wörterbuch der Philosophie, hg. von JOACHIM RITTER, Band 6, 1984, Sp. 747–754.

104 Dazu CLEMENS CUEPPERS, Die erkenntnistheoretischen Grundlagen Wilhelm Diltheys, Leipzig 1933; ULRICH HERRMANN, Dilthey, in: Theologische Realenzyklopädie, Band 8, 1981, S. 752–763. Thielicke (wie Anm. 15) S. 23ff. weist auf die Verbindung dieses hermeneutischen Ansatzes mit Friedrich Schleiermachers ›divinatorischem Akt‹ und Paul Tillichs ›Korrelationsprinzip‹ hin, die wiederum an Platons Anamnesisprinzip erinnern, und konkretisiert: »die Möglichkeit des Verstehens ist somit begründet in der Verwandtschaft (der Analogie) zwischen dem, der zu verstehen sucht, und dem Gegenstand seines Verstehens«, S. 25.

105 Vgl. Friedlein (wie Anm. 21) S. 333ff.

106 RUDOLF CARNAP, Scheinprobleme in der Philosophie. Das Fremdpsychische und der Realismusstreit, Neuausgabe 1966, 1976 (zuerst 1928). Vgl. Hempelmann (wie Anm. 10, 1982) S. 30ff., der Carnaps These auf LUDWIG WITTGENSTEIN, Tractatus logico-philosophicus. Logisch-philosophische Abhandlung (Werkausgabe, Band 1), Frankfurt 1984 (zuerst 1922), Satz 4.003, zurückführt.

107 Einführend Schulz (wie Anm. 63) S. 29ff.; Hempelmann (wie Anm. 10, 1982) S. 50ff.; Friedlein (wie Anm. 21) S. 348ff. und Scharrer (wie Anm. 10) S. 99f. Engagierte Kritik bei Popper (wie Anm. 101) S. 120ff. u. ö.

108 Siehe das Hauptwerk von KARL R. POPPER, Logik der Forschung, Tübingen [5]1973 ([1]1934), über dessen Entstehung Popper in seiner Autobiographie (wie Anm. 101) S. 108ff. berichtet, ferner von DEMS., Objektive Erkenntnis: Ein evolutionärer Entwurf, Hamburg [2]1974 ([1]1973; zuerst englisch 1972), und Die beiden Grundprobleme der Erkenntnistheorie, hg. von TROELS EGGERS HANSEN, Tübingen 1979. Vgl. die Hinweise zu Popper und dem sogenannten Positivismusstreit bei Hempelmann (wie Anm. 10, 1982) S. 233ff.; Schulz (wie Anm. 63) S. 79ff., 158ff.; HANS ALBERT, Traktat über kritische Vernunft, Tübingen [4]1980 ([1]1968); Ders. (wie Anm. 10); Ströker (wie Anm. 12, 1976) S. 15ff.; ALBRECHT WELLMER, Methodologie als Erkenntnistheorie. Zur Wissen-

schaftslehre Karl R. Poppers, Frankfurt 1972 ([1]1967), und den Sammelband The Philosophy of Karl Popper, hg. von PAUL A. SCHILPP, LaSalle 1974.

109 Hempelmann (wie Anm. 10, 1983) S. 35. Dort S. 34 Anm. 9 zu den unterschiedlichen Kriterien: »Man kann an Poppers berühmtem Beispielssatz ›Alle Schwäne sind weiß‹ den Unterschied zwischen den Wissenschaftskriterien des logischen Positivismus und des kritischen Rationalismus verdeutlichen: der Vertreter des logischen Positivismus muß zum Beweis der Wissenschaftlichkeit dieser Aussagen belegen, daß alle Schwäne weiß sind; dieser Beleg ist nach Popper aber nicht möglich, – es sei denn, man kennte alle Schwäne aller Zeiten des ganzen Universums; nach Popper genügt zum Nachweis der Wissenschaftlichkeit eines solchen All-Satzes der Aufweis, daß es sehr wohl – theoretisch – möglich ist, auch einmal einen ›schwarzen Schwan‹ zu finden, der als Gegenbeispiel den All-Satz widerlegt.« Wichtig erscheint der Hinweis, daß Popper den Darwinismus zwar nicht für eine prüfbare wissenschaftliche Theorie, sondern für ein metaphysisches Forschungsprogramm hält, sich aber gleichwohl dem Evolutionismus anschließt, siehe Ausgangspunkte (wie Anm. 101) S. 243ff. und DERS., Natural Selection and the Emergence of Mind, in: Dialectia 32, 1979, S. 339–355 (mit teilweise veränderter Sicht), dazu v. Stockhausen (wie Anm. 76) S. 241ff. Kritische Analyse Poppers auch bei Scharrer (wie Anm. 10) S. 29f., 58ff., 108ff.

110 Krings – Baumgartner (wie Anm. 18) Sp. 659, vgl. Weischedel (wie Anm. 1) I S. 458–494; Schulz (wie Anm. 63) S. 291ff. und Lamparter (wie Anm. 76) S. 124–130.

111 HANS-GEORG GADAMER, Wahrheit und Methode. Grundzüge einer philosophischen Hermeneutik, Tübingen [4]1975 ([1]1960); vgl. HELMUT KUHN, Wahrheit und geschichtliches Verstehen, in: Historische Zeitschrift 193, 1961, S. 376–389. Zitat: Krings – Baumgartner (wie Anm. 18) Sp. 660.

112 Exemplarisch JÜRGEN HABERMAS, Erkenntnis und Interesse (suhrkamp taschenbuch wissenschaft, Band 1), Frankfurt 1973, und DERS., Wahrheitstheorien, in: Wirklichkeit und Reflexion. Festschrift für Walter Schulz, hg. von HELMUT FAHRENBACH, Pfullingen 1973, S. 211–265. Kritisch dazu EDITH DÜSING, Das Ende der Individualität? Kritische Untersuchungen zum Sozialbehaviorismus und zur emanzipatorischen Pädagogik, in: DIES. – HORST W. BECK, Menschenwürde und Emanzipation. Entfremdung und Konzepte ihrer Aufhebung. Kritischer Traktat (Wort und Wissen, Band 9), Neuhausen-Stuttgart 1981, S. 9–73, S. 38ff. und v. Padberg (wie Anm. 4) S. 61ff., 69ff. Ferner CHARLES FREDERICK ALFORD, The Relationship between the Philosophy of Science and

the Critique of ›Technocracy‹ in the Work of Herbert Marcuse and Jürgen Habermas, Diss. Austin/Texas 1979.

113 Rupert Riedl, Evolution und Erkenntnis, München 1982; Vollmer (wie Anm. 15); Hoimar v. Ditfurth, Der Geist fiel nicht vom Himmel. Die Evolution des Bewußtseins, Hamburg 1976; Konrad Lorenz, Die Rückseite des Spiegels (dtv Taschenbuch, Nr. 1249), München 1977 (zuerst 1973), sowie Jean-Pierre Changeux, Der neuronale Mensch, Reinbek 1984; vgl. auch Popper (wie Anm. 101) S. 263ff., 273ff.

114 Wort und Wissen Arbeitsblätter Nr. 11, Gevelsberg April 1985, S. 2, Rezension des Buches von Riedl, s. Anm. 113, durch Reinhard Junker.

115 Vgl. Riedl (wie Anm. 113) S. 327: »Die menschliche Erkenntnis vermag ... sogar die Fehler der angeborenen Lehrmeister ihres Erkenntnisapparates zu überwinden. Wir können unsere Vernunft durchleuchten. Darin liegt unsere Überlebenschance.«, vgl. S. 194. Die Hinweise zu diesem Komplex verdanke ich einem Vortragsmanuskript von Reinhard Junker, Baiersbronn, dem für die Überlassung gedankt sei.

116 Gethmann (wie Anm. 74) Sp. 686.

117 Thielicke (wie Anm. 5) S. 270.

118 Vgl. die Einleitung des Herausgebers in dem Sammelband Christliches Studium heute. Beiträge zu einer aktuellen Diskussion, hg. von Carsten Peter Thiede (Tagesfragen, Nr. 14), Neuhausen-Stuttgart 1984, S. 7ff. Manche der dort gesammelten Aufsätze beurteilen die Lage an den Universitäten zu optimistisch, vgl. Lutz v. Padberg, Universitätsstudium und Nachfolge, in: Licht und Leben. Evangelisches Monatsblatt 96, 1985, Heft 8, S. 179–181. Freilich läßt sich die Benachteiligung evangelikaler Wissenschaftler nicht aktenkundig öffentlich nachweisen. Es liegt aber nur zu nahe, in einer Zeit der Stellenknappheit solche Forscher zu berufen, deren paradigmatische Orientierung mit der herrschenden Meinung übereinstimmt. Zur Situation der Hochschulen allgemein Walter Rüegg, Konkurrenz der Kopfarbeiter. Universitäten können besser sein: Ein internationaler Vergleich, Zürich 1985.

119 Zur Entwicklungsgeschichte einführend Störig (wie Anm. 1), hier auch Band 2 (Fischer Taschenbuch, Nr. 6399), Frankfurt [4]1982 ([1]1970). Aus bibeltreuer Sicht existieren bislang nur Vorarbeiten, vor allem im theologischen und naturwissenschaftlichen Bereich. Die folgenden Bemerkungen verstehen sich ebenso wie die Literaturnachweise als erste Hinweise.

120 Karl-Heinz Michel, Anfänge der Bibelkritik. Quellentexte aus Orthodoxie und Aufklärung (TVG, Monographien und Studienbücher, Nr. 314), Wuppertal 1985, S. 5.

121 Siehe das Studienbuch Hermeneutik (wie Anm. 53) und die Textsammlungen von Michel (wie Anm. 120) und HEINZPETER HEMPELMANN, Grundfragen der Schriftauslegung (TVG, Monographien und Studienbücher, Nr. 311), Wuppertal 1984, die einen guten Überblick über die pluralistische Entwicklung bieten. Eine aus bibeltreuer Sicht geschriebene Theologiegeschichte ist ein Desiderat. Dies ist schon deshalb zu bedauern, weil die genaue Kenntnis der verschlungenen Pfade theologisch-aufklärerischen Denkens zur eigenen Standortfindung wichtig ist. Ein vorbildliches Werk in dieser Hinsicht ist Thielickes Theologiegeschichte (wie Anm. 15), die freilich manche Akzente anders setzt.

122 An dem zentralen Ereignis der Heilsgeschichte macht die Folgen dieser Auflösung deutlich WALTER KÜNNETH, Theologie der Auferstehung (TVG, Monographien und Studienbücher, Nr. 306), Gießen – Basel [6]1982 ([1]1933). Zur Lage der Volkskirche ist noch immer informativ das Rotbuch Kirche, hg. von JENS MOTSCHMANN – HELMUT MATTHIES, Stuttgart 1976; zur Gemeindesituation die engagierte Analyse von GEORG HUNTEMANN, Diese Kirche muß anders werden. Ende der Volkskirche – Zukunft der Bekenntniskirche (Edition C, Nr. C 24), Bad Liebenzell 1979. Zu dem intensiv geführten Kampf gegen die sogenannte moderne Theologie vgl. die programmatischen Arbeiten von GERHARD BERGMANN, Alarm um die Bibel. Warum die Bibelkritik der modernen Theologie falsch ist, Gladbeck 1965 (danach mehrere Auflagen), und DERS., Kirche am Scheideweg. Glaube und Irrglaube, Gladbeck 1967. Über die Phasen und Felder dieses Kampfes informiert der Sammelband Weg und Zeugnis. Bekennende Gemeinschaften im gegenwärtigen Kirchenkampf 1965–1980, hg. von RUDOLF BÄUMER – PETER BEYERHAUS – FRITZ GRÜNZWEIG (Edition C, Band C 47), Bad Liebenzell – Bielefeld 1980; vgl. auch den Überblick bei v. Padberg (wie Anm. 4) S. 93ff. und die Entwicklung der Kirchentage, Affeld – v. Padberg (wie Anm. 9). Besonders drastisch ist die Auflösung des Glaubens in der jüngsten Fehlentwicklung: LUTZ V. PADBERG, Feminismus – eine ideologische und theologische Herausforderung (Evangelium und Gesellschaft, Band 5), Wuppertal 1985.

123 WALTHER V. LOEWENICH, Erlebte Theologie. Begegnungen – Erfahrungen – Erwägungen, München 1979, S. 223ff. Freilich zieht v. Loewenich aus dieser Analyse andere Schlüsse. Das ›Liebäugeln mit dem Fundamentalismus‹ hält er für verfehlt und plädiert statt dessen dafür, endlich in Kirche und Dogmatik Folgerungen aus der historisch-kritischen Methode zu ziehen und schon im Religionsunterricht mit der Erklärung zu beginnen, »daß der Glaube nicht im Fürwahrhalten unglaubwürdiger Überlieferun-

gen besteht.« Deshalb sei auch die Lehre von der Inspiration der Bibel »unmöglich«, S. 224ff.

124 Diese Entwicklung skizzieren Schulz (wie Anm. 63) S. 470ff., bes. S. 490f.; Löwith (wie Anm. 72) und Thielicke (wie Anm. 43) S. 327ff.

125 So der Historiker THOMAS NIPPERDEY anläßlich der Verleihung des Historikerpreises der Stadt Münster 1984, siehe GÜNTHER NONNENMACHER, Neugier, Skepsis, Erbe, in: Frankfurter Allgemeine Zeitung vom 4. Dezember 1984, S. 27. Konkret wird dies in der hervorragenden Studie von GORDON A. CRAIG, über die Deutschen, München 1982 (zuerst englisch 1982). Zur Orientierung verhelfen GUNTER SCHOLTZ, Geschichte, Historie, in: Historisches Wörterbuch der Philosophie, hg. von JOACHIM RITTER, Band 3, 1974, Sp. 344–398 und GÜNTER LANCZKOWSKI u. a., Geschichte/Geschichtsschreibung/Geschichtsphilosophie, in: Theologische Realenzyklopädie, Band 12, 1984, S. 565–698, beide Artikel mit reichen Literaturangaben.

126 Schulz (wie Anm. 63) S. 542.

127 Vgl. ebd. S. 567. Beispielhaft sei verwiesen auf die deterministisch-teleologische Geschichtssicht von Marx, vgl. PETER EHLEN, Marxismus als Weltanschauung. Die weltanschaulich-philosophischen Leitgedanken bei Karl Marx, München – Wien 1982, S. 76–97 und ANGELIKA SENGE, Marxismus als atheistische Weltanschauung. Zum Stellenwert des Atheismus im Gefüge marxistischen Denkens (Abhandlungen zur Sozialethik, Band 22), Paderborn – München – Wien – Zürich 1983, S. 184–223, dort jeweils Nachweis der Marxschen Schriften; die unhistorische Anthropologie, die Nietzsche in der Auseinandersetzung mit Hegel in seinem glänzenden zweiten Stück der ›Unzeitgemäßen Betrachtungen‹ vertritt: Vom Nutzen und Nachteil der Historie für das Leben, in: Werke, hg. von KARL SCHLECHTA, Band 1, Darmstadt [9]1982, ([1]1966), S. 209–285, dazu Schulz (wie Anm. 63) S. 572ff.; und die zyklische Geschichtssicht von OSWALD SPENGLER, Der Untergang des Abendlandes, München 1963 ([1]1918–1922), dazu ANTON MIRKO KOKTANEK, Oswald Spengler in seiner Zeit, München 1968, und Schulz (wie Anm. 63) S. 576ff.

128 Dies zeigte besonders der 39. Historikertag 1984 in Berlin, der sich etwa mit dem ›Samtbandgewerbe im Krefelder Umland‹ oder den ›ländlichen Webern auf dem Osnabrücker Leinenmarkt im frühen 19. Jahrhundert‹ befaßte, siehe den Bericht von TRAUTE PETERSEN, Unmut, Armut, Anmut, in: Frankfurter Allgemeine Zeitung vom 9. Oktober 1984, S. 25, und die kritische Analyse von HANS-ULRICH WEHLER, Geschichte – von unten gesehen, in: Die Zeit Nr. 19 vom 3. Mai 1985, S. 64. Dagegen die vorbildliche Studie von

Marc Bloch, Apologie der Geschichte oder Der Beruf des Historikers (Anmerkungen und Argumente, Band 9), Stuttgart 1974 (zuerst französisch 1949).

129 Nipperdey (wie Anm. 125) und Schulz (wie Anm. 63) S. 623. Die ins Uferlose gewachsene Theoriediskussion in der Geschichtswissenschaft offenbart die Unsicherheit dieser Disziplin, vgl. Karl-Georg Faber, Theorie der Geschichtswissenschaft (Beck'sche Schwarze Reihe, Band 78), München 1971, und den Sammelband Geschichte und Theorie. Umrisse einer Historik, hg. von Hans Michael Baumgartner – Jörn Rüsen (suhrkamp taschenbuch wissenschaft, Band 48), Frankfurt 1976.

130 Heinzpeter Hempelmann, Heilsgeschichte am Ende? – Von der Möglichkeit heilsgeschichtlicher Theologie im Rahmen der philosophisch-wissenschaftlichen Denkvoraussetzungen der Gegenwart, in: Epochen der Heilsgeschichte. Beiträge zur Förderung heilsgeschichtlicher Theologie, hg. von Helge Stadelmann, Wuppertal 1984, S. 39–54, S. 44f. Die Diskussion dieser Problematik in der historisch-kritisch orientierten Theologie wird vor allem angeregt durch Wolfhart Pannenberg, etwa sein Aufsatz: Heilsgeschehen und Geschichte, zuerst in: Kerygma und Dogma 5, 1959, S. 218–237 und 259–288; jetzt in: Ders., Grundfragen systematischer Theologie. Gesammelte Aufsätze, Göttingen [3]1979 ([1]1967), S. 22–78, vgl. hierzu Weischedel (wie Anm. 1) II S. 81ff.

131 Fritz Blättner, Pädagogik I. Geschichtlich, in: Die Religon in Geschichte und Gegenwart, Band 5, [3]1961, Sp. 4–8, Sp. 6, vgl. von Dems., Geschichte der Pädagogik, Heidelberg [13]1968 ([1]1951).

132 Diese Entwicklung skizziert Ouweneel (wie Anm. 17) S. 251ff. Zu dem hier vor allem zu nennenden Behaviorismus Düsing (wie Anm. 112) S. 12ff.

133 Konrad Adam, Die Rückkehr zur Erde, in: Frankfurter Allgemeine Zeitung vom 19. April 1985, S. 25. Zu den Auswirkungen Wolfgang Brezinka, Erziehung und Kulturrevolution. Die Pädagogik der Neuen Linken, München – Basel [2]1976 ([1]1974); Henning Günther, Auf dem Weg zu einer neuen Schule. Die falsche Emanzipation, München 1974; Helmut Schoeck, Schülermanipulation (Herderbücherei, Band 565), Freiburg 1976; Peter Beyerhaus, Freud-marxistische Ideologisierung unseres Schulwesens, in: Ideologien – Herausforderung an den Glauben, hg. von Dems. (TELOS-Dokumentation, Nr. 911), Bad Liebenzell 1979, S. 110–149; Immanuel Lück, Alarm um die Schule. Kritische Auseinandersetzung mit der gegenwärtigen Erziehungs-Situation. Die neomarxistische Unterwanderung (TELOS-Dokumentation, Nr. 907), Neuhausen-Stuttgart 1979, und v. Padberg (wie Anm. 8) S. 155ff. sowie Ders. (wie Anm. 4) S. 61ff.

134 Geißler (wie Anm. 7) S. 25. Vgl. Schulz (wie Anm. 63) S. 654ff.

135 Alfons Schalk, Die Krise der Erziehungswissenschaft, in: Forum E 5, 1985, S. 9–14, S. 13.

136 Siehe Ouweneel (wie Anm. 17) S. 249f.

137 Hilfreiche Zusammenstellung von Ann F. Neel, Handbuch der psychologischen Theorien (Fischer-Taschenbuch, Nr. 42251), Frankfurt 1984 (zuerst amerikanisch 1969). Zur Kritik Thielicke (wie Anm. 43) S. 435ff.; Ders. (wie Anm. 15) S. 490f. und Schulz (wie Anm. 63) S. 673ff.

138 Lutz v. Padberg, Sigmund Freud als Mitbegründer des modernen Atheismus, in: factum 5, 1985, S. 38–43, mit Würdigung der neuesten Freud-Kritik und weiteren Literaturhinweisen. Vgl. auch Klaus Berger, Vergewaltigung der Seele – Sigmund Freud (TELOS Leben – Werk – Wirkung, Nr. 2801), Berneck 1984. Vgl. auch den religiösen Anspruch der Psychologie, der deutlich wird in dem Sammelband Psychologie in der Wende. Grundlagen, Methoden und Ziele der Transpersonalen Psychologie – eine Einführung in die Psychologie des Neuen Bewußtseins, hg. von Roger N. Walsh – Frances Vaughan, Bern – München – Wien 1985 (zuerst amerikanisch 1980).

139 Einführend Peter Atteslander, Methoden der empirischen Sozialforschung (Sammlung Göschen, Nr. 2100), Berlin [5]1985, und Henrik Kreutz, Soziologie der empirischen Sozialforschung (Soziologische Gegenwartsfragen, Neue Folge Band 38), Stuttgart 1972, sowie zur Lage der Soziologie Schulz (wie Anm. 63) S. 145ff.

140 Vgl. die in Anm. 133 genannte Literatur sowie die engagierte Analyse von Helmut Schelsky, Die Arbeit tun die anderen. Klassenkampf und Priesterherrschaft der Intellektuellen (dtv Taschenbuch, Nr. 1276), München 1977 (zuerst 1975). Andere Sicht bei Jürgen Habermas, Zur Logik der Sozialwissenschaften (Philosophische Rundschau, Beiheft 5), Tübingen 1967, Neuausgabe Frankfurt 1985 (suhrkamp taschenbuch wissenschaft, Band 517).

141 Friedrich H. Tenbruck, Der Mensch als Merkmalsträger. Wie die Sozialforschung die Privatsphäre veröffentlicht und zerstört, in: Frankfurter Allgemeine Zeitung vom 31. März 1984, Beilage.

142 Ebd. sowie Jugend – Jugendprobleme – Jugendprotest, hg. von Hans Georg Wehling (Kohlhammer-Taschenbuch, Nr. 1062), Stuttgart – Berlin – Köln – Mainz 1982; Gerd Langguth, Jugend ist anders. Porträt einer jungen Generation (Herderbücherei, Nr. 1059), Freiburg – Basel – Wien 1983, und v. Padberg (wie Anm. 4) S. 65ff.

143 Tenbruck (wie Anm. 141). Vgl. auch die treffende Kritik an der Soziologie von Stanford M. Lyman, The seven deadly Sins. Society and Evil, New York 1978, bes. S. 50, 84, 173 und das

Referat seiner Thesen von GEORG KAMPHAUSEN, Die Wiederentdeckung der Sünde. Die Soziologie reagiert auf ihre kulturellen Folgen, in: Die politische Meinung Nr. 210, September/Oktober 1983, S. 66–75.

144 Die Typologie dessen hat Thielicke (wie Anm. 15) S. 51ff. folgendermaßen systematisiert:
1. Erkenntnistheoretisch bestimmte Subjektivität: Descartes, Lessing, Kant
2. Religiös entflammte Subjektivität: Schleiermacher
3. Christlich-innerliche Subjektivität: Tholuck, Hofmann
4. Personal-ethische Subjektivität des autonomen Gewissens: Kant, Ritschl, Hermann
5. Idealistische Subjektivität: Hegel, Linkshegelianer
6. Historische und geschichtliche Subjektivität: Troeltsch, Kähler
7. Existenzielle Subjektivität, theologischer Gestalt: Kierkegaard, Bultmann; atheistischer Gestalt: Nietzsche, Freud, Sartre.

145 Vgl. oben die Abschnitte B) I.3.a)–d). Folgenreich war in diesem Zusammenhang der Subjektivitäts- und Toleranzbegriff von Gotthold Ephraim Lessing (1729–1781), vgl. Thielicke (wie Anm. 15) S. 121–155, nach dem »Vernunft- und Offenbarungswahrheit, wenn sie voneinander isoliert und für sich betrachtet werden, prinzipiell auf der gleichen Stufe der Ungewißheit« stehen, S. 138.

146 Diese Methode begegnet heute vor allem im Bereich der Psychologie, siehe die Nachweise in Anm. 137 und 138.

147 Vgl. Weischedel (wie Anm. 1) I S. 31ff.

148 Rohrmoser (wie Anm. 85) S. 169.

149 Das konkretisiert besonders der ontologische Gottesbeweis von Descartes, vgl. Weischedel (wie Anm. 1) I S. 169ff.; Thielicke (wie Anm. 15) S. 76ff. und Clayton (wie Anm. 70) S. 744. – Die Methode des Kritizismus begegnet heute vor allem im Bereich der Philosophie und Theologie, vgl. die Nachweise in Anm. 120–122.

150 Ouweneel (wie Anm. 17) S. 28f., zu Hegel oben Anm. 86.

151 Vgl. Ouweneel (wie Anm. 17) S. 29. Der Evolutionismus begegnet, wie Ouweneel schlüssig nachweist, im Grunde in allen wissenschaftlichen Disziplinen.

152 KARL LEHMANN, Die Zukunft des Christentums in einer säkularisierten Welt, in: Gesellschaft ohne Christentum? Zum Beitrag der Christen zur Erhaltung der Freiheit, hg. von ULRICH HOMMES, Düsseldorf 1974, S. 124–151, S. 127.

153 THOMAS LUCKMANN, Lebenswelt und Gesellschaft, Paderborn 1980, S. 183. Vgl. in diesem Zusammenhang die Analyse des Protestantismus durch MAX WEBER, Die protestantische Ethik und der Geist des Kapitalismus, zuerst in: Archiv für Sozialwissenschaft und Sozialpolitik 20 und 21, 1905; jetzt in: DERS., Die

protestantische Ethik, I. Eine Aufsatzsammlung (Gütersloher Taschenbücher Siebenstern, Band 53), Gütersloh [6]1981 ([1]1972), S. 27–277.

154 ULRICH RUH, Säkularisierung, in: Christlicher Glaube in moderner Gesellschaft, Band 18, Freiburg – Basel – Wien 1982, S. 59–100, S. 74.

155 GERNOT BÖHME, Experimentelle Philosophie. Ursprünge autonomer Wissenschaftsentwicklung, Frankfurt 1977, S. 185. Vgl. den instruktiven Sammelband Säkularisierung, hg. von HEINZ-HORST SCHREY (Wege der Forschung, Band 424), Darmstadt 1981.

156 Auch diese Sicht begegnet heute in nahezu allen wissenschaftlichen Disziplinen, besonders in der Jurisprudenz, wo vielfach Nützlichkeitserwägungen moralischen Grundüberzeugungen vorgezogen werden oder ein extremer Soziologismus nicht den Straftäter, sondern die gesellschaftlichen Strukturen zum verantwortlichen Subjekt erklärt und so den Identitätsbegriff verändert, vgl. Thielicke (wie Anm. 43) S. 110ff. In der Medizin führt die Immanenzorientierung schon heute in der Genforschung zu einer erschreckenden Preisgabe der menschlichen Würde und macht das Ebenbild Gottes zum Homunkulus. Thielicke (wie Anm. 43) S. 98 bemerkt dazu: »Die Veruntreuung des Humanum erweist sich also nicht nur in einer unerträglichen Dezimierung menschlicher Daseinsfülle, sondern mehr noch darin, daß die personale Würde des Menschen als Selbstzweck aufgehoben und er als Mittel zum Zweck mißbraucht wird.« Diese Haltung wird auch an dem Problem der Abtreibung deutlich, siehe MARTIN JOST, Plädoyer für die Ungeborenen. Abtreibung: Fakten – Hintergründe und Alternativen (factum-Taschenbuch, Nr. 104), Berneck 1984.

157 ALEXANDER SCHWAN, Pluralismus und Wahrheit, in: Christlicher Glaube in moderner Gesellschaft, Band 19, Freiburg – Basel – Wien 1981, S. 143–211, S. 194.

158 Vgl. HERBERT MARCUSE, Der eindimensionale Mensch. Studien zur Ideologie der fortgeschrittenen Industriegesellschaft (Sammlung Luchterhand, Band 4), Neuwied – Berlin 1970 (zuerst amerikanisch 1964), S. 71, 81. Ähnlich, wenn auch von einer anderen Position aus, GÜNTER ROHRMOSER, Zeitzeichen. Bilanz einer Ära, Stuttgart 1977, S. 41, 129, 453f. und Schwan (wie Anm. 84) S. 33ff.

159 Diese Einstellung begegnet heute vor allem im Bereich der Theologie, vgl. die Nachweise in Anm. 122 sowie Affeld – v. Padberg (wie Anm. 9) S. 215ff.

160 Vgl. Anm. 156 sowie HELMUT THIELICKE, Theologische Ethik, 1: Prinzipienlehre. Dogmatische, philosophische und kontroverstheologische Grundlegung, Tübingen [5]1981 ([1]1958), S. 38ff., 530ff.

161 ERNST TROELTSCH, Die Absolutheit des Christentums und die

Religionsgeschichte (Siebenstern-Taschenbuch, Band 138), München – Hamburg 1969 (zuerst 1929), S. 102, vgl. Thielicke (wie Anm. 15) S. 553ff.

162 Ebd. S. 573ff. sowie PETER BEYERHAUS, Aufbruch der Armen. Die neue Missionsbewegung nach Melbourne (Edition C, Nr. C 59), Bad Liebenzell 1981, und Affeld – v. Padberg (wie Anm. 9) S. 232ff. – Diese Haltung begegnet heute vor allem in den Disziplinen Theologie, Medizin und Geschichtswissenschaft, vgl. die Nachweise in Anm. 122, 161, 156, 127–130.

163 Zur Definiton vgl. den Sammelband Ideologien (wie Anm. 133).

164 Thielicke (wie Anm. 43) S. 50f.

165 Zu den Folgen Hegels die beiden Textsammlungen: Die Hegelsche Linke, hg. von KARL LÖWITH; Die Hegelsche Rechte, hg. von HERMANN LÜBBE, Stuttgart/Bad Cannstatt 1962, sowie Weischedel (wie Anm. 1) I S. 390ff., 410ff.; Rohrmoser (wie Anm. 85) S. 217ff., 368ff.; v. Stockhausen (wie Anm. 76) S. 187ff., 244ff. und Thielicke (wie Anm. 15) S. 423ff., 456ff. EDUARD SPRANGER (1882–1963), ein Schüler Diltheys, zog deshalb eine Verbindungslinie zwischen Hegel und Hitler, indem er dessen Reden von der ›Vorsehung‹ als Popularisierung des Hegelschen Weltgeistes interpretierte und bemerkte, wenn man seine Geschichtsphilosophie ihres fromm klingenden Namens entkleide, komme »eine nackte Fortschrittstheorie und nackte Erfolgstheorie« zutage, nach KLAUS SCHOLDER, Die Mittwochs-Gesellschaft. Protokolle aus dem geistigen Deutschland 1932 bis 1944, Berlin 1982, S. 32. Zur Nietzsche-Rezeption Weischedel (wie Anm. 1) I S. 452ff; Rohrmoser (wie Anm. 85) S. 335ff. und der Sammelband 90 Jahre philosophische Nietzsche-Rezeption, hg. von ALFRED GUZZONI, Meisenheim 1979; zur Verbindung Hitler–Nietzsche Hinweise bei JOACHIM C. FEST, Hitler. Eine Biographie, Frankfurt – Basel – Wien 1973, S. 87, 187, 289, 732. Über die Verführbarkeit der Wissenschaft informiert in beklemmender Nüchternheit das Buch: Medizin ohne Menschlichkeit. Dokumente des Nürnberger Ärzteprozesses, hg. und kommentiert von ALEXANDER MITSCHERLICH – FRED MIELKE (Fischer-Taschenbuch, Nr. 332), Frankfurt 1962 ([1]1949). Literarische Verarbeitung der Thematik: ALEXANDER SOLSCHENIZYN, Der erste Kreis der Hölle, Frankfurt 1968.

166 Die Gefahr der Ideologisierung konkretisieren heute besonders die Disziplinen Soziologie, Politologie und Pädagogik, vgl. die Nachweise in den Anm. 131, 140 und 141.

167 Übersichtsinformation zur Gnosis KLAUS BERGER – ROBERT MCLACHLAN WILSON, Gnosis/Gnostizismus, in: Theologische Realenzyklopädie, Band 13, 1984, S. 519–550 sowie eingehender

Kurt Rudolph, Die Gnosis, Wesen und Geschichte einer spätantiken Religion, Göttingen 1977.

168 Karl Heim, Der evangelische Glaube und das Denken der Gegenwart, Band 1: Glaube und Denken. Philosophische Grundlegung einer christlichen Lebensanschauung, Wuppertal [6]1975 ([1]1957), S. 15ff.; vgl. Adolf Köberle, Karl Heim. Leben und Denken, Stuttgart 1979; anders Thielicke (wie Anm. 15) S. 565ff.

169 Vgl. Anm. 152 sowie Christof Gestrich, Glaube und Denken, in: Theologische Realenzyklopädie, Band 13, 1984, S. 365–384, S. 374. Diese Entwicklung wird besonders am Marxismus deutlich, vgl. Senge (wie Anm. 127) S. 220ff.

170 Zur Konkretisierung v. Padberg (wie Anm. 8) S. 11–86.

171 Exemplarisches Beispiel hierfür ist der berühmte Vortrag von Rudolf Bultmann, Neues Testament und Mythologie. Das Problem der Entmythologisierung der neutestamentlichen Verkündigung, Nachdruck der 1941 erschienenen Fassung, hg. von Eberhard Jüngel, (Beiträge zur evangelischen Theologie, Band 96), München 1985, bes. S. 19, 53ff.

172 Zu den Folgen Scharrer (wie Anm. 10) passim. Eine solche Haltung führt zu einer merkwürdigen, funktionsunabhängigen Aufspaltung der Erkenntnis. So werden beispielsweise ein und derselben Person in ihrer Funktion als Professor und Bischof unterschiedliche Erkenntnisse zugestanden, eine ähnliche Schizophrenie ist in bezug auf die Einstellung gläubiger Christen zum biblischen Schöpfungsbericht zu beobachten.

173 Dies hat im Protestantismus oftmals zu politischer Unsicherheit in krisenhafter Zeit geführt, vgl. Klaus Scholder, Die Kirchen und das Dritte Reich, Band 1: Vorgeschichte und Zeit der Illusionen 1918–1934, Frankfurt – Berlin – Wien 1977, sowie als Fallbeispiel Herbert Klement – Lutz v. Padberg, Der Deutsche Verband der Jugendbünde für entschiedenes Christentum im Dritten Reich 1933–1945, Hattingen 1981.

174 Feyerabend (wie Anm. 11) S. 77.

175 Vgl. Platon, Timaios 28a. c., 29a., 31a., dazu W. Ullmann, Demiurg, in: Historisches Wörterbuch der Philosophie, hg. von Joachim Ritter, Band 2, 1974, Sp. 49f. und Nikolaus Lobkowicz – Henning Ottmann, Materialismus, Idealismus und christliches Weltverständnis, in: Christlicher Glaube in moderner Gesellschaft, Band 19, Freiburg – Basel – Wien 1981, S. 65–141, S. 82f.

176 Geißler (wie Anm. 7) S. 25. Siehe die Analyse von Thomas Nagel, Über das Leben, die Seele und den Tod, Meisenheim 1984 (zuerst amerikanisch).

177 Horst W. Beck, Die Dialogsituation zwischen Theologie und Naturwissenschaft, verdeutlicht an dem neu aufflammenden Dis-

put um die Evolutionslehre, in: Wer ist Gott? (wie Anm. 78) S. 190–211, S. 198.

178 Vgl. Sven Findeisen, Zur wissenschaftlichen Rede vom Paradigma in biblisch-missionarischer Sicht, in: Arbeitsbuch Hermeneutik (wie Anm. 53) S. 359–365, S. 365.

179 Kuhn (wie Anm. 10) sowie die Nachweise in Anm. 10, dort auch die Arbeiten von Hempelmann.

180 Hempelmann (wie Anm. 10, 1982) S. 296.

181 Ebd. S. 297. In diesem Punkt weiß Hempelmann sich einig mit der Konzeption von Wolfhart Pannenberg, Wissenschaftstheorie und Theologie, Frankfurt 1973.

182 Hempelmann (wie Anm. 10, 1982) S. 276.

183 Vgl. Findeisen (wie Anm. 178) S. 359ff.

184 Ouweneel (wie Anm. 17) S. 361.

185 Siehe Hempelmann (wie Anm. 10, 1983) S. 40 mit Verweis auf Gerhard v. Rad, Weisheit in Israel, Neukirchen-Vluyn 1970, S. 86.

186 Georg Huntemann, Streit in der Kirche, Wuppertal 1971, S. 136; vgl. Ders., Der verlorene Maßstab. Gottes Wort im Chaos dieser Zeit (TELOS-Taschenbuch, Nr. 1804), Bad Liebenzell 1983, S. 166ff.

187 Dazu Helge Stadelmann, Biblische Apokalyptik und heilsgeschichtliches Denken, in: Epochen der Heilsgeschichte (wie Anm. 130) S. 86–100 sowie v.Padberg (wie Anm. 4) S. 104ff.

188 Belege bei Otto Riecker, Kirche und Christen im Wandel der Zeit. Folgerungen und Perspektiven (TELOS-Paperback, Nr. 4026), Neuhausen-Stuttgart 1984.

189 Walter Künneth, Fundamente des Glaubens. Biblische Lehre im Horizont des Zeitgeistes (ABCteam Glauben und Denken, Nr. 906), Wuppertal 1975, S. 70. Vgl. v. Padberg (wie Anm. 4) S. 75f. sowie den Sammelband: Wer ist Gott? (wie Anm. 78) zur modernen Diskussion der Gottesfrage, ebenso Inge Lønning, Gott VIII. Neuzeit/Systematisch-theologisch, in: Theologische Realenzyklopädie, Band 13, 1984, S. 668–708.

190 Helge Stadelmann, Grundlinien eines bibeltreuen Schriftverständnisses (TVG, Allgemeine Reihe), Wuppertal 1985, S. 108f.

191 Chicago-Erklärung zur Irrtumslosigkeit der Bibel, 19 Artikel, die 1978 von evangelikalen Theologen aus aller Welt beschlossen wurden, hier zitiert nach Stadelmann (wie Anm. 190) S. 61.

192 Belege ebd. S. 23ff. Dort S. 23: »Kein wahrer Christ sollte eine andere Schrifthaltung haben wollen, als sie Jesus, der Sohn Gottes und Offenbarer des himmlischen Vaters, hatte. Es muß geradezu als gotteslästerlich gelten, wenn heutige Theologen Jesus in seiner

Bibelhaltung eine zeitbedingte Trübung des Blickes nachsagen, während sie selbst sich zugute halten, im Zuge ihrer aufklärerischen Bibelkritik objektiver und klarer zu sehen.«

193 Vgl. Michel (wie Anm. 120) S. 5ff. und Armin Sierszyn, Die Bibel im Griff? Historisch-kritische Denkweise und biblische Theologie (ABCteam Glauben und Denken, Nr. 930), Wuppertal 1978, S. 13ff. Zu dem Begründer der historisch-kritischen Methode, dem aus dem Pietismus kommenden Hallenser Theologieprofessor Johann Salomo Semler, siehe Hirsch (wie Anm. 76) 4, S. 48–89 und Thielicke (wie Anm. 15) S. 156–173.

194 Dieses Axiom ist der Ausgangspunkt von Thielicke (wie Anm. 43) S. 62, 232ff. u. ö., ebenso in seiner Ethik und Dogmatik. Vgl. auch, ohne Bezugnahme auf Thielicke, Hempelmann (wie Anm. 130) S. 51ff. und Ders., Emanzipation und Selbstverwirklichung aus philosophischer und aus biblischer Sicht, in: Theologische Beiträge 16, 1985, S. 71–96, S. 88f.

195 Thielicke (wie Anm. 43) S. 236.

196 Hempelmann (wie Anm. 194) S. 88f. Ders. (wie Anm. 130) S. 52f. verweist auf die konstitutive Bedeutung der relationalen Erkenntnistheorie und Ontologie für die moderne Physik und stellt S. 53 fest: »Für andere Wissenschaften, vor allem für die Disziplinen, die sich mit dem Menschen beschäftigen, gehört die Einsicht in die relationale Konstitution von Wirklichkeit einschließlich der Mitkonstitution des Erkenntnisgegenstandes durch den Erkenntnisakt des Erkennenden, zu den grundlegenden Voraussetzungen ihrer Arbeit.« Hier wird an die Geschichte der Anamnesislehre Platons erinnert, der wir bei den verschiedenen Erkenntnistheorien immer wieder begegnet sind, siehe etwa die Ausführungen von Bollnow (wie Anm. 98) und Gadamer (wie Anm. 104). Freilich ist hier zu bedenken, daß diese Hinweise zur relationalen Struktur von einem immanenten Bild des Menschen und der Welt ausgehen und mit entsprechenden Wirklichkeitsbeschreibungen gerade von den unbeantworteten Fragen abgelenkt werden soll, erhöhen sie doch geradezu den vorläufigen Charakter wissenschaftstheoretischer Aussagen. Deshalb betont etwa Popper immer wieder, daß auch wissenschaftliche Thesen Hypothesen und Vermutungen blieben und daher die Erkenntnis Produkt der geistigen Bemühungen des Menschen sei, (wie Anm. 101) S. 109, 117 u. ö., weshalb es nur Annäherungen an die Wahrheit gebe. Daher stimmen die Relationenontologie der Bibel und die der Wissenschaftstheorie eben nicht überein, denn die Identitätsfindung des Menschen nach der biblischen Sicht gewinnt ihre Qualität ja gerade aus dem Hineinreichen der Transzendenz in die Immanenz und führt so zu der Teilhabe an der offenbarten Wahrheit

Gottes, die dann die Wirklichkeitssicht prägt. Kurz, die biblische Relationenontologie muß auch die immanenten Bezüge bestimmen. Nur so kann die moderne Diastase von Glauben und Denken aufgehoben werden.

197 Thielicke (wie Anm. 43) S. 237, vgl. zur Konkretisierung die Parabel vom verlorenen Sohn und dem barmherzigen Vater aus Luk 15,1–24, v. Padberg (wie Anm. 4) S. 79ff.

198 Vgl. Ouweneel (wie Anm. 17) S. 415ff.; Morris (wie Anm. 16) und v. Padberg (wie Anm. 8) S. 111ff.

199 Nach einem Prospekt der Studiengemeinschaft ›Wort und Wissen e. V.‹.

200 Nach der Übersetzung von Fritz Tillmann. Vgl. 1 Tim 6,5 und 2 Tim 3,8.

201 Dazu Ernst Dieter Schmitz, Erkenntnis, Erfahrung, in: Theologisches Begriffslexikon zum Neuen Testament, hg. von Lothar Coenen – Erich Beyreuther – Hans Bietenhard, Wuppertal [2]1970 ([1]1967), S. 241–253, S. 248f.

202 Das Folgende nach Stadelmann (wie Anm. 190) S. 119ff.

203 Ebd. S. 120f.

204 Vgl. Thielicke (wie Anm. 5) S. 264.

205 Ebd.

206 Vgl. ebd. S. 265f., 283ff., 292f.

207 Zusammenstellung der Bedeutungen der Wortgruppe γνώσκω der Septuaginta nach der hebräischen Wurzel jāda' bei Schmitz (wie Anm. 201) S. 245.

208 Ebd. S. 248f. sowie Künneth (wie Anm. 189) S. 68ff., 105ff.

209 Thielicke (wie Anm. 15) S. 59.

210 Vgl. Christopher Lasch, Das Zeitalter des Narzißmus, München 1982 (zuerst amerikanisch 1979); Thielicke (wie Anm. 43) S. 242ff. und v. Padberg (wie Anm. 8) S. 153ff. sowie das Verfahren der Gruppendynamik, dazu aus biblischer Sicht zuletzt Lothar Gassmann, Gruppendynamik – Hintergründe und Beurteilung (Tagesfragen, Nr. 5), Neuhausen-Stuttgart 1984, sowie Nachweise bei v. Padberg (wie Anm. 4) S. 137ff. Anm. 133.

211 Wilhelm Dilthey, Der Aufbau der geschichtlichen Welt in den Geisteswissenschaften (Gesammelte Schriften, Band 7), Göttingen [3]1961 ([1]1927), S. 71, 80ff., 86, 92 u. ö. Mit ›Verstehen‹ meint Dilthey, daß fremdes personales Leben nur dann erkannt werden kann, wenn der Erkennende dieselbe personale Daseinsstruktur hat. Verstehen ist also nur über die Analogie möglich, vgl. auch Ders., Entstehung der Hermeneutik (Gesammelte Schriften, Band 5), Göttingen [3]1961 ([1]1924), S. 317–331; dazu Thielicke (wie Anm. 43) S. 32ff.

212 Ebd. S. 34f.

213 Siehe Künneth (wie Anm. 189) S. 150ff. Thielicke (wie Anm. 43) weist S. 35 auf die Logotherapie von Viktor E. Frankl hin und zitiert: »Der Mensch ist nicht da, um sich zu beobachten...; sondern er ist da, um sich auszuliefern, ... erkennend und liebend sich hinzugeben.« Vgl. dort S. 457ff., 508.

214 Die Gegenpole bilden Anselm von Canterbury und René Descartes, vgl. Anm. 43 und 63 sowie Thielicke (wie Anm. 43) S. 168ff.

215 So Thielicke (wie Anm. 5) S. 291.

216 Kol 1,9 sowie Thielicke (wie Anm. 43) S. 33, 169.

217 Francis Schaeffer, Gott ist keine Illusion. Ausrichtung der historischen christlichen Botschaft an das zwanzigste Jahrhundert, Genf – Zürich – Basel – Wuppertal 1971 (zuerst englisch 1968), S. 103.

218 Vgl. ebd. S. 121ff., 182ff.

219 Dazu Schmitz (wie Anm. 210) S. 248 und Stadelmann (wie Anm. 190) S. 102.

220 Nach der Zürcher Übersetzung, vgl. Jes 55,9; 64,3; Joh 13,7 und 1 Kor 2,9; zur Notverordnung v. Padberg (wie Anm. 8) S. 111ff.

221 Daher benutzt die Bibel den Begriff ›erkennen‹ auch im Sinne der geschlechtlichen Vereinigung in der Ehe (1. Mose 4,1; 19,8) und betont damit nicht so sehr den geschlechtlichen Aspekt, sondern das einzigartig intime persönliche Vertrauensverhältnis.

222 Werner Gitt, Logos oder Chaos. Aussagen und Einwände zur Evolutionslehre sowie eine tragfähige Alternative (Wort und Wissen, Band 5), Neuhausen-Stuttgart 1980, S. 21.

223 Eindrucksvollstes Beispiel dafür ist die Areopag-Rede des Paulus, Apg 17,16–34, der auch in vielen Briefstellen seine Kenntnis der spätantiken Philosophie deutlich werden läßt, vgl. Schmitz (wie Anm. 210) S. 250f.; Rainer Riesner, Das Bekenntnis zur Gottheit Jesu – Eine hellenistische Verfälschung des einfachen Evangeliums?, in: Wer ist Gott? (wie Anm. 78) S. 97–106 sowie die Predigt von Ingolf Dalferth, Paulus in Athen, in: Theologische Beiträge 16, 1985, S. 147–152.

224 Die hier vorgelegte Exegese zu 2 Kor 10,3–5 geht über rein geistliche Aspekte weiter hinaus, als das in evangelikalen Werken gemeinhin der Fall ist, vgl. etwa Werner de Boor, Der zweite Brief an die Korinther (Wuppertaler Studienbibel), Wuppertal 1972, S. 199ff. Diese Engführung ist typisch für ein in gläubigen Kreisen oftmals anzutreffendes Ausdifferenzieren des Bereiches der Wissenschaft, was zur Selbstisolierung und zur Aufgabe wichtiger Positionen geführt hat, vgl. Anm. 172. Zur Notwendigkeit des Kampfes auch v. Padberg (wie Anm. 4) S. 103ff.

225 Vgl. Lothar Coenen, Erkenntnis, Erfahrung: Zur Verkündigung, in: Theologisches Begriffslexikon (wie Anm. 210) S. 255–257,

S. 255f. Die Gnoseologie von Nicolai Hartmann (1882–1950) als Korrelation zwischen Subjekt und Objekt bzw. zwischen der bewußtseinstranszendenten metaphysischen Realität und dem bewußtseinsimmanenten gedanklichen Erfassen der Realität ist davon streng zu unterscheiden, vgl. WILHELM RISSE, Gnoseologie, in: Historisches Wörterbuch der Philosophie, hg. von JOACHIM RITTER, Band 3, 1974, Sp. 715, weshalb der Begriff besser nicht für die biblische Erkenntnislehre herangezogen werden sollte, wie das Stadelmann (wie Anm. 190) S. 119 tut.

226 Coenen (wie Anm. 225) Sp. 257.

227 Siehe Röm 12,2 und 1 Kor 14,19.

228 Zur Bedeutung der Methodik GERHARD MAIER, Heiliger Geist und Schriftauslegung (TVG, Allgemeine Reihe), Wuppertal 1983; Stadelmann (wie Anm. 190) S. 116ff. sowie Sierszyn (wie Anm. 193) S. 72ff.

229 Dazu am Beispiel des Geschlechterdualismus v. Padberg (wie Anm. 122) S. 161ff. sowie KLAUS BOCKMÜHL, Kirche und soziale Verantwortung, zuerst in: Kirche und Sozialismus, hg. von H. FLAMMER, Gütersloh 1981, S. 98–111; jetzt in: Theologie und Lebensführung (wie Anm. 70) S. 130–145, S. 162f.

230 Vgl. exemplarisch die Arbeiten zum Kreationismus, hier Anm. 16, 17 und 222.

231 Siehe Stadelmann (wie Anm. 190) S. 119ff. und v. Padberg (wie Anm. 4) S. 110ff.

232 Dazu WILLEM J. OUWENEEL, Philosophical starting Points for Christian scientific Activitiy at the International Christian University, in: International Christian University Quarterly 2-4, 1984, S. 1–11.

233 Die Geschichte dieser Formel ist ein aufschlußreiches Beispiel für undeutliche Zitierweise und daraus entstehende Fehldeutungen. Die immer wieder zu findende Formulierung ›etsi Deus non daretur‹, die Grotius benutzt haben soll, stammt gar nicht von ihm, sondern wurde von DIETRICH BONHOEFFER, Widerstand und Ergebung, München 1951, S. 241, in Erinnerung gebracht. Bonhoeffer aber hat das Wort nicht Grotius direkt entnommen, sondern aus WILHELM DILTHEY, Weltanschauung und Analyse des Menschen seit Renaissance und Reformation, Neudruck Stuttgart 1970 ([1]1913) zurückübersetzt, der jedoch in deutscher Sprache »auch wenn es keinen Gott gäbe« zitierte. Bei GROTIUS, De Iure Belli ac Pacis libri tres, Paris 1625, aber heißt es in §11 des Vorwortes im Zusammenhang: »Et haec quidem quae iam diximus, locum aliquem haberent etiamsi daremus, quod sine summo scelere dari nequit, non esse Deum, aut non curari ab eo negotia humana: cuius contrarium cum nobis partim ratio, partim traditio perpetua,

inseverint; confirment vero et argumenta multa et miracula ab omnibus saeculis testata.« Grotius will also sagen, daß die natürliche Ordnung mit ihren Ordnungsstrukturen von Gott so gut geschaffen worden ist, daß sie nun auch ohne Gott unveränderlich und positiv bewahrend wirke. Wenn sich dies auch nicht als Beleg für die Säkularisation nutzen läßt, so ist es dennoch fraglich, ob diese Kategorie heute noch benutzbar ist, vgl. Thielicke (wie Anm. 15) S. 478; GERRIT JAN HOENDERDAAL, Hugo Grotius, in: Gestalten der Kirchengeschichte, Band 8: Die Aufklärung, hg. von MARTIN GRESCHAT, Stuttgart – Berlin – Köln – Mainz 1983, S. 43–60, S. 54f.; GUSTAV ADOLF BENRATH, Die Lehre des Humanismus und Antitrinitarismus, in: Handbuch der Dogmen- und Theologiegeschichte (wie Anm. 3) Band 3: Die Lehrentwicklung im Rahmen der Ökumenizität, Göttingen 1984, S. 1–70, S. 45ff. sowie Hirsch (wie Anm. 76) 1, S. 14–30, 225–236.

234 So HEINZPETER HEMPELMANN, Theologie als Wissenschaft von der Wirklichkeit Gottes, in: ADOLF SCHLATTER, Atheistische Methoden in der Theologie, mit einem Beitrag von PAUL JÄGER, hg. von HEINZPETER HEMPELMANN (Theologie und Dienst, Band 43), Wuppertal 1985, S. 31–47, S. 46f.

235 Nach einem bislang unpublizierten Manuskript von HORST W. BECK, Schöpfungsforschung im deutschsprachigen Europa, 1985, z. T. vorgetragen während der 2. Hauptkonferenz der Studiengem. ›Wort und Wissen‹ in Holmecke, 24.–27. Mai 1985.

236 Siehe Hebr 1,1–3. Hierzu Thielicke (wie Anm. 5) S. 267ff. und Stadelmann (wie Anm. 190) S. 97ff. Vgl. Huntemann (wie Anm. 122); WIARD POPKES, Gemeinde – Raum des Vertrauens. Neutestamentliche Beobachtungen und freikirchliche Perspektiven, Wuppertal – Kassel 1984, sowie OTTO RIECKER, Universitäts-Theologie und Gemeinde-Frömmigkeit (Tagesfragen, Nr. 7), Neuhausen-Stuttgart 1984 (Einschränkungen in der Rezension von LUTZ V. PADBERG, in: Der feste Grund 12, 1984, S. 293f.).

237 ULRIKE EICHLER, Christlicher Glaube und theologisches Nachdenken, in: Christliches Studium heute (wie Anm. 118) S. 209–237, S. 233f.

238 Dazu Künneth (wie Anm. 189) S. 23ff. sowie die Nachweise in Anm. 122.

239 Gerade in der Kirchengeschichte wäre eine Neuorientierung nötig, werden doch »Aussagen über das Handeln Gottes in der Geschichte . . . in der protestantischen Theologie Deutschlands seit langer Zeit vermieden«, weil man sich seit der Aufklärung ganz dem immanenten Denken zugewandt und so auch die Kirchengeschichte gleichsam der Profangeschichte zugeordnet hat, KLAUS WETZEL, Wie handelt Gott in der Geschichte?, Gießen – Basel 1984,

S. 5f. Die gegenwärtige Unsicherheit dieser Teildisziplin wird deutlich an den Problemskizzen Kirchengeschichte heute – Geschichtswissenschaft oder Theologie?, hg. von RAYMOND KOTTJE, Trier 1970 (katholisch orientiert); PETER STOCKMEIER, Kirchengeschichte und Geschichtlichkeit der Kirche, in: Zeitschrift für Kirchengeschichte 81, 1970, S. 145–162; Pannenberg (wie Anm. 181) S. 393ff. und NORBERT BROX, Fragen zur ›Denkform‹ der Kirchengeschichtswissenschaft, in: Zeitschrift für Kirchengeschichte 90, 1979, S. 1–21 sowie dem Forschungsüberblick von KURT-VICTOR SELGE, Einführung in das Studium der Kirchengeschichte, Darmstadt 1982, und der hervorragenden Einführung des katholischen Gelehrten HUBERT JEDIN, Einleitung in die Kirchengeschichte, in: Handbuch der Kirchengeschichte, hg. von DEMS., Band 1: Von der Urgemeinde zur frühchristlichen Großkirche, Freiburg – Basel – Wien 1965 (Nachdruck 1985), S. 1–55. Zwar gibt es einige Kirchengeschichten evangelikaler Prägung, erinnert sei an A. MILLER, Geschichte der Christlichen Kirche, 2 Bände, Neustadt [3]1961; EDMUND H. BROADBENT, Gemeinde Jesu in Knechtsgestalt. Ein Gang durch ihre zweitausendjährige Geschichte (TELOS, Nr. 1257), Neuhausen-Stuttgart [2]1984, und Riecker (wie Anm. 188), eine neuere Gesamtdarstellung aus biblischer Sicht, die auch die wissenschaftliche Forschung reflektiert, ist jedoch ein Desiderat. Sie müßte die in der modernen Theologie lebhaft diskutierten Fragen der Geschichtsphilosophie (z. B. WOLFHART PANNENBERG, Der Gott der Geschichte, zuerst in: Kerygma und Dogma 23, 1977, S. 76–92; jetzt in: DERS., Grundfragen systematischer Theologie. Gesammelte Aufsätze, Band 2, Göttingen 1980, S. 112–128 sowie der Diskussionsband zur Sicht Pannenbergs: Neuland in der Theologie. Ein Gespräch zwischen amerikanischen und europäischen Theologen, hg. von JAMES M. ROBINSON – JOHN B. COBB, Band 3: Theologie als Geschichte, Zürich – Stuttgart 1967) mit berücksichtigen, wichtige Vorarbeiten dazu leisteten JOHN W. MONTGOMERY, Weltgeschichte wohin? (TELOS Wissenschaftliche Reihe, Nr. 4011), Neuhausen-Stuttgart 1977 (zuerst amerikanisch 1969), und FELIX FLÜCKIGER, Theologie der Geschichte. Die biblische Rede von Gott und die neuere Geschichtstheologie, Wuppertal 1970.

240 Vgl. Eichler (wie Anm. 237) S. 233. Auch in den hier genannten Fachbereichen fehlen vielfach biblisch orientierte Studien, die es noch am ehesten, neben der Gemeindeliteratur, in der Systematik gibt. Diese Defizite hängen nicht zuletzt damit zusammen, daß die verschiedenen evangelikalen Gruppierungen sich in manchen theologischen Fragen keineswegs einig sind, vgl. die

kritische Analyse von JAMES BARR, Fundamentalismus, München 1981 (zuerst englisch 1977).

241 Thielicke (wie Anm. 5) S. 269. Siehe auch Scharrer (wie Anm. 10) S. 115ff., 132ff.

242 HELMUT THIELICKE, Zu Gast auf einem schönen Stern. Erinnerungen, Hamburg 1984, S. 291: »Die Anwesenheit einer Theologischen Fakultät bedeutet eine bleibende Anfrage an die letzten Voraussetzungen unserer Erkenntnis. Und da das Eigentliche der Erkenntnis nicht eine Wahrheit ist, die ›gilt‹, sondern eine Wahrheit, in der man ›ist‹, richtet sich diese Frage letztlich an den forschenden Menschen selber und also an seine Existenz . . . Wenn die Theologische Fakultät vielleicht so etwas wie das Gewissen ihrer Universität ist, dann ruft die Stimme dieses Gewissens dazu auf, die Wahrheit nicht nur nach vorwärts – in den möglichen Gegenständen unserer Erkenntnis –, sondern sie auch nach rückwärts zu suchen, nämlich in der Wahrheit unseres Seins.« Thielicke trug diese Bemerkungen anläßlich der Gründung der Theologischen Fakultät der Universität Hamburg im Jahre 1954 vor.

243 Vgl. die Nachweise in Anm. 127–129.

244 Siehe Stadelmann (wie Anm. 187) S. 96.

245 Zu diesem schon mehrfach erwähnten Aspekt Hempelmann (wie Anm. 130) S. 51f. und Popper (wie Anm. 101) passim. Sehr hilfreich hierzu ist das Buch von HENRI-IRENEE MARROU, Über die historische Erkenntnis. Welches ist der richtige Gebrauch der Vernunft, wenn sie sich historisch betätigt?, Freiburg – München 1973 (zuerst französisch 1954).

246 Vgl. Popper (wie Anm. 101) S. 80: Kant »hatte recht, wenn er sagte, es sei unmöglich, daß die Erkenntnis gleichsam eine Kopie oder ein Abdruck der Wirklichkeit sei. Er hatte recht, wenn er sagte, die Erkenntnis sei in genetischer oder psychologischer Hinsicht a priori. Aber er war im Unrecht, wenn er glaubte, daß Erkenntnisse a priori gültig sein können. Unsere Theorien sind unsere Erfindungen. Sie mögen oft nichts Besseres sein als schlecht durchdachte Mutmaßungen. Sie sind nie mehr als kühne Vermutungen, Hypothesen. Aus diesen erschaffen wir eine Welt: nicht die wirkliche Welt, sondern Modelle; von uns gemachte Netze, mit denen wir die wirkliche Welt einzufangen versuchen.« Ferner Hempelmann (wie Anm. 130) S. 50f., wobei im Anschluß an die Kritik von Albert (wie Anm. 10) S. 118f. der Begriff ›Tatsache‹ durch ›Tatsachenaussagen‹ zu ersetzen ist. Vgl. hierzu die Sicht von WOLFHART PANNENBERG, Wahrheit, Gewißheit und Glaube, in: Gesammelte Aufsätze 2 (wie Anm. 239) S. 226–264.

247 Hempelmann (wie Anm. 130) S. 51 mit der in Anm. 246 erwähnten Einschränkung.

248 Hierzu Stadelmann (wie Anm. 187) S. 96ff.

249 Nach ERICH LUBAHN, Israel und Gemeinde – Zwei unterschiedliche aber doch verwandte heilsgeschichtliche Linien, in: Epochen der Heilsgeschichte (wie Anm. 130) S. 76–85, S. 77 im Anschluß an OTTO MICHEL, Das Zeugnis des Neuen Testaments von der Gemeinde, Gießen [2]1983, S. 102f., 125f.

250 Montgomery (wie Anm. 229) S. 257.

251 Das macht die bis heute gebräuchliche Periodeneinteilung der nordischen Vor- und Frühgeschichte deutlich, siehe Leitfaden zur Nordischen Alterthumskunde, hg. von der königlichen Gesellschaft für Nordische Alterthumskunde, Kopenhagen 1837, S. 57ff. Vgl. HANS JÜRGEN EGGERS, Einführung in die Vorgeschichte, München 1959.

252 So entstand die Welt, hg. von WILLEM J. J. GLASHOUWER, (TELOS-Präsente, Nr. 2123), Neuhausen-Stuttgart 1980, S. 111, vgl. Ouweneel (wie Anm. 17) S. 203ff.: »Die Fakten laufen alle darauf hinaus, daß eigentlich überhaupt keine sozialkulturelle Evolution besteht oder bestanden hat«, S. 205f.

253 Zum Erdalter: So entstand die Welt (wie Anm. 252) S. 43ff.

254 Thielicke (wie Anm. 43) S. 330. Deshalb ist es auch unsinnig, von ›der‹ Geschichte wie von einer Person zu reden. Die Geschichte will gar nichts, sie will auch nicht irgendwo hin, der Verlauf der Geschichte wird von Menschen geformt, ihre Entwicklung resultiert aus deren Verhältnis zum Ratschluß Gottes, der allein der Herr der Geschichte ist. Anders als im Deismus ist daher nicht von der Geschichte auf Gott, sondern von Gott auf die Geschichte zu schließen, ausführlicher dazu Thielicke (wie Anm. 43) S. 327ff. – Eine biblisch bestimmte Geschichtswissenschaft wäre auch frei von Zukunftsutopien und Endzeitspekulationen. Vielmehr würde sie die Bedeutung der Mission für die profane Historie betonen und den Endpunkt dieser Weltgestalt nach der biblischen Verheißung erwarten, denn allein das ›Eingehen der Vollzahl der Nationen‹ infolge der Mission bestimmt den Lauf der Endgeschichte, vgl. Röm 11,25. Den genannten Themenkomplex behandelt die 4. Theologische Studienkonferenz des ›Arbeitskreises für Evangelikale Theologie‹ vom 26.–29. August 1985: ›Glaube und Geschichte – Heilsgeschichte als Thema der Theologie‹. Einen entsprechenden Sammelband wird 1986 Helge Stadelmann herausgeben.

255 Siehe die Nachweise in Anm. 133. Zur Neuorientierung vgl. C. GÜNZLER – G. TEUTSCH, Erziehen zur ethischen Verantwortung, Freiburg 1980, und HERMANN GIESECKE, Das Ende der Erziehung. Neue Chancen für Familie und Schule, Stuttgart 1985.

256 Vgl. Schule auf biblischer Basis. Grundlagen und Ziele Evangelischer Bekenntnisschulen, hg. von der Arbeitsgemeinschaft Evan-

gelischer Bekenntnisschulen (AEBS) (Tagesfragen, Nr. 22), Neuhausen-Stuttgart 1985. Dieses programmatische Konzept ist hilfreicher als das von HENNING GÜNTHER – CLEMENS und RUDOLF WILLEKE, Grundlegung einer bejahenden Erziehung. Affirmative Didaktik, München 1977.

257 Vgl. zur Notwendigkeit dessen das Beispiel bei LUTZ V. PADBERG, ›Junge Pioniere‹ – Fallstudie zur Erziehungsstrategie einer kommunistischen Kinderorganisation in Westdeutschland, in: Extremismus im demokratischen Rechtsstaat, hg. von MANFRED FUNKE, Düsseldorf 1978, S. 269–301.

258 Hinweise bei PAUL DIEHL, Gegenstand der Psychologie und ihre Beziehung zum christlichen Glauben, in: Christliches Studium heute (wie Anm. 118) S. 159–207 sowie HELMUT QUITMANN, Humanistische Psychologie – Zentrale Konzepte und philosophischer Hintergrund, Göttingen – Toronto – Zürich 1985.

259 Aus einem Brief an Marie Bonaparte, zitiert nach Thielicke (wie Anm. 43) S. 443. Vgl. v. Padberg (wie Anm. 138) S. 38ff.

260 Thielicke (wie Anm. 43) S. 467.

261 Duden – Deutsches Universalwörterbuch, Mannheim – Wien – Zürich 1983, S. 984f.

262 Dazu GÜNTHER HARDER, Seele, in: Theologisches Begriffslexikon (wie Anm. 210) S. 1112–1119 (mit Darstellung der heute fortwirkenden griechischen Sicht) und Lexikon zur Bibel, hg. von FRITZ RIENECKER, Wuppertal 1972 (zuerst 1960), Sp. 1270–1274.

263 Zur Entfremdungsproblematik HORST W. BECK, Entfremdung – Selbstverwirklichung – Emanzipation. Existenz des Menschen im Zeichen der Entfremdung, in: Menschenwürde und Emanzipation (wie Anm. 112) S. 75–127 und v. Padberg (wie Anm. 8) S. 112ff.

264 Vgl. v. Padberg (wie Anm. 138) S. 43 Anm. 35 sowie als ein Beispiel BARBARA A. SULLIVAN, Warum bin ich so. Geschwisterfolge und ihre Bedeutung, Kehl/Rhein 1984.

265 Siehe Thielicke (wie Anm. 43) S. 457ff. sowie KLAUS BERGER, Aggression – das Böse. Analyse, Kritik und Orientierungshilfe eines existentiellen Problems (TELOS Wissenschaftliche Reihe, Nr. 4025),Berneck 1983,und MICHIAKI UND HILDEGARD HORIE, Das verlorene Ich. Vom Minderwertigkeitsgefühl zur Selbstfindung, Wuppertal 1982.

266 Tenbruck (wie Anm. 141), vgl. Schelsky (wie Anm. 140) passim und KONRAD ADAM, Verräter der Wahrheit? Sozialforschung und soziale Wirklichkeit, in: Frankfurter Allgemeine Zeitung vom 25. Februar 1985, S. 21.

267 Vgl. Künneth (wie Anm. 189) S. 172ff., 189ff.; Thielicke (wie Anm. 43) S. 47ff., 130ff., 218ff. und v. Padberg (wie Anm. 8) S. 125ff., 162ff., 170ff.

268 Dazu HELMUT THIELICKE, Theologische Ethik, Band II, 2: Ethik des Politischen, Tübingen ^{3}1974 (^{1}1958), S. 94ff. Nr. 455ff.

269 Exemplarisch v. Padberg (wie Anm. 8) S. 63ff., 166ff. und WERNER LACHMANN – HERMANN SAUTTER – HELMUT EGELKRAUT, Die Krise der Arbeitsgesellschaft. Chancen und Grenzen christlicher Verantwortung (TVG Allgemeine Reihe), Wuppertal 1985.

270 Vgl. Ouweneel (wie Anm. 17) S. 405ff.

271 Genannt seien der Theologische Konvent der Konferenz Bekennender Gemeinschaften (Stiffurtstr. 5, D–7400 Tübingen); die Studiengemeinschaft ›Wort und Wissen‹ (Zum Berger See 91, D–5820 Gevelsberg) und der Arbeitskreis für evangelikale Theologie (Pfr. H. Burkhardt, Gempenblick 12, D–7889 Grenzach-Wyhlen).

272 Über Bekenntnisschulen informiert das Buch: Schule auf biblischer Basis (wie Anm. 256), dort S. 90f. Anschriftenverzeichnis. An freien Hochschulen sind zu nennen in Deutschland die Freie Theologische Akademie FTA (Rathenaustr. 5, D–6300 Gießen) und in der Schweiz die Freie Evangelisch-Theologische Akademie FETA (Mühlestiegrain 50, CH–4125 Riehen/BS). Die Koordination entsprechender Bemühungen hat sich zum Ziel gesetzt die Initiative für bibeltreue Hochschulen (An der Rehbocksweide 50, D–3510 Hann. Münden). Beeindruckend erfolgreich sind die Universitätsgründungen von anthroposophischen Kreisen und Wirtschaftsverbänden in der Bundesrepublik Deutschland. Sie erhöhen die Chancen entsprechender bibeltreuer Gründungen. Vgl. Riecker (wie Anm. 236) S. 72ff.

273 Genannt seien: International Christian University/Evangelische Hogeschool ICU/EH (P.O.Box 957, NL–3800 AZ Amersfoort); International Theological Institute ITI (P.O.Box 83, NL–8320 AB Urk) und Evangelische Theologische Faculteit ETF (Sint-Jansbergsteenweg 97, B–3030 Heverlee/Leuven). Die Studiengemeinschaft ›Wort und Wissen‹ bietet ein Vertiefungsstudium für Graduierte an (Sommerhalde 10, D–7292 Baiersbronn 6-Röt). Zur Situation in den Vereinigten Staaten Beck – Hörnicke – Schneider (wie Anm. 16) S. 18ff. Die Konferenz bibeltreuer Ausbildungsstätten bemüht sich um die Koordination nationaler und internationaler Studiengänge. Schließlich sei darauf hingewiesen, daß die Studiengemeinschaft ›Wort und Wissen‹ als Zielperspektive die Gründung einer bibeltreuen Hochschule hat. Die Notwendigkeit solcher Bemühungen unterstreicht CHARLES HABIB MALIK, A christian Critique of the University, Inter Varsity Press, Illinois 1982.

274 Eine solche internationale bibeltreue Universität müßte sich eine sorgsam erarbeitete Bekenntnisgrundlage geben, die von allen

Dozenten und Professoren als verbindlich anzuerkennen wäre. Basis dieses ›doctrinal statement‹ wäre die absolute Anerkennung der Bibel Alten und Neuen Testamentes als das wahre, irrtumslose und einzig normative Offenbarungswort Gottes, weshalb jegliche Sachkritik an der Heiligen Schrift als unsachgemäß abgelehnt wird. Bei der Erarbeitung könnte auf die Bekenntnisgrundlagen entsprechender Hochschulen zurückgegriffen werden, etwa: Christian Heritage College Doctrinal Statement (El Cajon, Kalifornien, USA), aus dem nach Morris (wie Anm. 16) S. 335–359 zumindest die Überschriften zitiert seien:

»1. The absolute integrity of Holy Scripture and its plenary verbal inspiration, by the Holy Spirit, as originally written through men prepared of God for this purpose.
2. The Triune God-Father, Son, and Holy Spirit.
3. Direct creation and divine preservation of all things.
4. Man, created in God's Image and ordained as God's vicegerent over His creation.
5. The pervasive influence of sin and the Curse.
6. The redemptive work of Jesus Christ.
7. The centrality of the bodily resurrection of Christ.
8. The imminent return of Christ.
9. Personal salvation through faith in Jesus Christ.
10. The real, though temporary, nature of evil.
11. The Biblical framework of history (including: special Creation of all things in six natural days; the entrance of sin and the Curse into the world; the worldwide Flood; the origin of nations and languages at the Tower of Babel).
12. The Christian's responsibility to society.
13. The Great Commission.
14. Primacy of the Local Church.«

Hilfreich ist in diesem Zusammenhang auch die Erklärung ›Mission beyond the Mission‹ des Fuller Theological Seminary (Pasadena, Kalifornien, USA) vom Herbst 1983, in: Theology, News and Notes, Oct 1983, S. 4–17; jetzt in deutscher Übersetzung in: Theologische Beiträge 16, 1985, S. 117–132, aus der abschließend einige zentrale Sätze zitiert seien: »Wir dürfen auch nicht den intellektuellen Herausforderungen an unseren christlichen Glauben ausweichen, von wo und von wem auch immer sie ausgehen mögen. Statt dessen müssen wir unsere Bereitschaft bekunden, die Wahrheit von all denen entgegenzunehmen, die sich ehrlich um ihre Entdeckung bemüht haben. Dennoch glauben wir, daß die geduldige Erforschung der Bedeutung der Schrift niemals ihre Glaubwürdigkeit als Offenbarung Gottes in Frage stellen noch die wahre Göttlichkeit Jesu Christi zweifelhaft erscheinen lassen wird.

Obwohl jede Art von Forschung, wenn sie human betrieben wird und unser Wissen bereichert, mit Gewinn von einem Christen betrieben werden darf, ist eine evangelikale Einrichtung besonders dafür verantwortlich, ihre intellektuellen Aktivitäten auf jene Gebiete zu konzentrieren, die dazu verhelfen, die Bedeutung des christlichen Glaubens zu erklären, die Verbreitung dieses Glaubens zu fördern oder den Glauben gegen ihm widerstreitende Meinungen zu verteidigen.« (S. 129) »Christliche Weisheit bemüht sich, sowohl in den richtigen Gebrauch solcher Wissenschaften für die Deutung der menschlichen Existenz einzudringen als auch die Grenzen von Methoden klarzulegen, die nur beschreiben können, was menschliches Verhalten ist, aber weder fähig sind vorzuschreiben, wie es sein sollte, noch erfassen zu können, was die letzte Bestimmung menschlicher Existenz ist.« (S. 131) »Und wir werden auf Schritt und Tritt Gottes Hilfe suchen: Weisheit, um den rechten Weg zu wählen und unser Bestes zu tun; Vergebung für beständiges Versagen bei unserer Wahl und unserem Handeln; Gnade, um jede Befähigung anzunehmen, die uns unser gnädiger Gott unterwegs verleihen möge.« (S. 132).

2. *Register der benutzten Literatur*

Angegeben werden die Namen der Autoren der im Anmerkungsteil zitierten Literatur. Die Zahlen beziehen sich auf die Anmerkungsnummern, in denen ein Titel erstmalig vollständig zitiert wird. Auf diese Weise ist das Register als Literaturverzeichnis benutzbar.

3. Sachregister

Das Sachregister ist sinngemäß angelegt und verzeichnet übergreifende Stichworte. Nicht aufgenommen sind so häufig vorkommende Begriffe wie Anthropologie, Bibel, Denken, Erfahrung, Erkenntnis, Philosophie, Realität, Theologie, Vernunft, Verstand, Wahrheit, Wissenschaft und ähnliche.

4. Personenregister

Zu den Verfassern der benutzten Literatur siehe oben S. 159 ff.

5. *Bibelstellenregister*

Die Bibelstellen werden nach der revidierten Elberfelder Übersetzung zitiert, andere Angaben werden jeweils verzeichnet.

Zum Schriftverständnis der Bibel

Werner Gitt
Das Fundament
Pb., 210 S., 10 Skizzen, 4 Tab.,
Nr. 82 857, DM 22,80

Mit der Sachlichkeit des exakten Wisschenschaftlers formulierte Aussagen zum Verständnis der Bibel.

Biblisches Schöpfungszeugnis – verläßlich oder nicht?

Werner Gitt
Das biblische Zeugnis der Schöpfung
Pb., 200 S., 19 Skizzen, 5 Tab.,
3 Grafiken, Nr. 82 854, DM 22,80

Naturwissenschaftliche Beobachtungen und Erkenntnisse stützen das biblische Schöpfungszeugnis.

Wie viele Gesichter hat die Wahrheit?

Das Evangelium und die anderen »Heilsangebote«

Werner Gitt
Denken, glauben, leben
Pb., 112 S., 14 s/w-Abb.,
Nr. 82 853, DM 12,80

Mit Beispielen aus Technik und Religion dokumentiert Gitt die Einzigartigkeit des Evangeliums.

Bitte fragen Sie in Ihrer Buchhandlung nach diesen Büchern!
Oder schreiben Sie an den Hänssler-Verlag, Postfach 12 20,
D-7303 Neuhausen-Stuttgart

4.4 Bibel und Wissenschaft

Es gehört mit zu den faszinierendsten Fragestellungen der Gegenwart, in welchem Verhältnis Wissenschaft und Bibel zueinander stehen. Man kann alle Kontroversen zwischen den Strömungen unserer Zeit und der Bibel (z. B. Schöpfungs-/ Evolutionsthema, div. Theologiesysteme, Feminismus) letzlich auf die eine Grundfrage zurückführen: »*Wie lese ich die Bibel?*« Damit verknüpft sind folgende Detailfragen von äußerster Wichtigkeit:

- Welchen Aussagewert messen wir der Bibel zu?
- Sind die Aussagen der Bibel nur für ihre damalige Zeit oder allgemein gültig?
- Bis zu welchen Bereichen reicht die Kompetenz der Bibel?
- Spricht die Bibel wirklich mit der Autorität des lebendigen Gottes, oder handelt es sich um ein menschliches Erzeugnis?
- Enthält die Bibel menschliche Verfälschungen, oder trauen wir es Gott zu, daß seine im Wort verbürgte Informationsabsicht über alle Jahrhunderte hinweg durch

keinen Einfluß zu Fall gebracht oder eingeschränkt werden kann?

Die Auffassungen zur Lesart der Bibel sind sehr unterschiedlich und liegen in der Spannbreite der folgenden drei Statements:

1) Die Bibel ist ausschließlich ein Buch des Glaubens und Lebens; sie hat keinerlei Kompetenz oder Anspruch, etwas im Rahmen des naturwissenschaftlichen Bereichs auszusagen. Wo hier und da naturwissenschaftliche Bezüge erkennbar sind, sind sie im alten Weltbild damaliger Vorstellungen verfangen, oder es fließt das zeitgenössische mythologische und philosophische Gedankengut der jeweiligen Nachbarvölker Israels (z. B. Babylonier, Griechen, Ägypter) mit ein. So kann die heutige Wissenschaft tun, was sie will, ohne sich in irgendeiner Weise um biblische Aussagen zu kümmern. Wissen und Glauben sind streng voneinander zu trennen. So schreibt der Religionspädagoge *Heinz Willner* [62]: »Wir haben uns die Frage vorzulegen, ob es überhaupt noch angebracht ist, die offensichtlich als antiquiert empfundenen Schöpfungstexte der Bibel in den heutigen Unterricht hineinzunehmen.« Es gilt zu beachten: Die Bibel will nichts festschreiben; sie ist prinzipiell offen für Vorstellungen der jeweiligen Zeit.

2) Die Bibel enthält hier und da nützliche Hinweise mit naturwissenschaftlichem Bezug, die aber nicht wörtlich zu nehmen sind. Die Bibel liefert uns keine wissenschaftlich brauchbaren oder gar verbindlichen Denkansätze, denn sie ist ein in Geschichtszusammenhängen beeinflußtes Wort. Sie möchte als Gottes Wort in Menschenmund bezüglich der Natur lediglich bezeugen: Es ist alles Gottes Werk.

3) Die Bibel hat den Rang eines von Gott diktierten wissenschaftlichen Lehrbuches.

Eine eingehende Betrachtung der biblischen sowie wissenschaftlichen Zusammenhänge zeigt, daß alle drei genannten Auffassungen nicht haltbar sind. So wollen wir nun unsere Position zur Bibel bestimmen, die sich aus ihrem Selbstzeugnis herleitet:

Die Bibel ist zwar nicht »vom Himmel gefallen«, dennoch ist sie ein göttliches Buch in dem Sinne, daß die menschlichen Verfasser vom Heiligen Geist geführt wurden. Gott überwachte das Niederschreiben der Urtexte bis in die Wahl der korrekten sprachlichen Ausdrucksweisen. Dadurch trägt die Bibel das Siegel der Wahrheit und ist in all ihren Aussagen verbindlich – unabhängig davon, ob es sich um Glaubens- und Heilsfragen, um Lebensfragen oder um Aspekte handelt, die auch eine naturwissenschaftliche Relevanz haben. Die Bibel hat aber gleichzeitig auch eine menschliche Komponente; d. h. die Persönlichkeit der Verfasser wurde keineswegs ausgeschaltet; sie schrieben gemäß ihrer eigenen Wesensart und nach ihrem individuellen Schreibstil. Eigene Empfindungen und Stimmungen finden in Lebenssituationen des persönlichen Engagements ihre Hervorhebung (Erfahrungen mit Gott, Begegnungen mit JESUS, Zeiten der Freude oder Trauer, Gebete des Hilfeschreies, des Dankes oder Lobpreises) und treten insbesondere dann völlig zurück, wenn der Verfasser die Botschaft einleitet mit Worten wie »So spricht der Herr« oder »Da geschah des Herrn Wort zu mir«. Im letztgenannten Fall gab es immer wieder Botschaften, deren Inhalt von den Verfassern teilweise oder gar nicht verstanden wurden. So gingen naturwissenschaftliche Bezüge zwangsläufig weit über den damaligen Erkenntnisstand hinaus, und prophetische Botschaften sprengten in der Regel den geschichtlich übersehbaren und verstehbaren Rahmen (z. B. Dan 12,8).

Nach dieser Standortbestimmung wollen wir das Wort Gottes ernst nehmen in allen seinen Bezügen. Die Schrift zu verdrehen, bedeutet, Gottes Botschaft an uns zu entstellen und uns den Zugang zu einer unersetzbaren Informationsquelle zu verschließen. *Bild 3* zeigt an, wie sich Wissenschaften und Bibel in ihren Aussagen überschneiden oder auch gar nicht berühren. *Bild 4* stellt als Ausschnitt eine übersichtliche Beziehung her zwischen wissenschaftlich relevanten Fragestellungen und deren Bezug zur Bibel. Es wird zwischen wissenschaftlich Er-

Bild 4: *Aussagebereiche von Bibel und Wissenschaft.*

Die Darstellung weist vier thematische Felder aus, für die es entweder keine Informationsquelle (Q = 0) oder nur eine (Q = 1: nur Bibel bzw. nur Wissenschaft) oder zwei Informationsquellen (Q = 2: Bibel und Wissenschaft) gibt. Die eingetragenen Nummern 2 bis 6 korrespondieren mit denen in Bild 3.

forschbarem und Nichterforschbarem unterschieden. Beide Gebiete werden durchkreuzt von biblisch Offenbartem und nicht Offenbartem. Bei den auf diese Weise entstehenden vier Feldern gibt es solche mit *Q* = 0 bis 2 Informationsquellen: »keine«, nur »Wissenschaft«, nur »Bibel« und »Bibel und Wissenschaft«.

Die mit *Bild 3* korrespondierenden Nummern sind in *Bild 4* eingezeichnet. Wir wollen uns nun den einzelnen *Bereichen 1 bis 6* gemäß *Bild 3* zuwenden. Die angegebenen Wissenschaften sind nur beispielhaft genannt. Bei den folgenden Betrachtungen legen wir das Gewicht schwerpunktmäßig auf die Naturwissenschaften (z. B. Physik, Chemie, Astronomie, Biologie).

4.4.1 Fehlleistungen in den Wissenschaften (Bereich 1)

Bevor wir zum *Bereich 2* – dem eigentlichen Gebiet wissenschaftlicher Aufgaben und Fragestellungen – kommen, wollen wir auf jenen *Bereich 1* eingehen, mit dem wir immer rechnen müssen, wenn Menschen etwas tun. Seit dem Sündenfall befinden wir uns in einer Situation, die die Bibel in Jesaja 53,6 als einen Generalirrtum der Menschheit bezeichnet: »Wir gingen alle in der Irre wie Schafe.« Dieses Wort beschreibt zwar in erster Linie die geistliche Situation des nicht mehr an Gott gebundenen Menschen; es markiert aber darüber hinaus die prinzipielle Irrtumsfähigkeit des Menschen (z. B. Spr 10,17; Jes 9,1; Mt 22,29; 1 Petr 2,25; Hebr 3,10). Sein Leben hat keine sinnhafte Mitte, die sich an seinem Schöpfer orientiert und ihn befragt, sondern der Mensch rotiert um sich selbst, d. h. um seine eigenen Selbstverwirklichungspläne, die da heißen: Reichtum, Ehre, Macht und Begierden aller Art. Jesaja beschreibt die Frucht eines solchen Lebens: »Sie werden über sich gaffen und unter sich die Erde ansehen und nichts finden als Trübsal und Finsternis, denn sie sind im Dunkel der Angst und gehen *irre* im Finstern« (Jes 8,22).